Zurück ins Licht

-

Wegweiser in Dein Erwachen

Simone Sinja Illi

1.te Auflage

ISBN: 978-3033052871

ISBN: 3033052878

Dieses Buch widme ich den wichtigsten Menschen in meinem Leben und den Menschen, die mich in meinem Leben unterstützt und in Liebe begleitet haben, egal auf welche Weise!

Spezieller Dank an:

Margrit Cartier........... *für meine Geburt* ☺

Rolf Döbeli.............. *für meine Zeugung* ☺

Berta Cartier............ *für meine Wurzeln die ich durch Dich erhalten durfte* ☺

Und dass ich durch euch zu dem geworden bin, wer ich heute bin!

Seline, Luana und Enya

danke für eure Rücksichtnahme und Geduld, während ich das Buch schrieb... ICH LIEBE EUCH ♥ Denkt immer daran: So wie ihr JETZT gerade seid, so seid ihr PERFEKT!

Roland Illi

Der BESTE Mann der Welt. DANKE für dein SEIN und für all deine Unterstützung und Liebe! Ohne deine Rückendeckung ich niemals die Zeit gefunden hätte ein Buch zu schreiben! ♥

Francois Megroz

Der beste Bruder der Welt!

Mein höheres Selbst, geistige Wesen und die Quelle

Für die Führung!

Melek Mirzakhani & Daniele Aguiari

Für das Lektorieren/ korrigieren und die tolle Zusammenarbeit!

Henry Dorby

Für die Unterstützung bei der Übersetzung wichtiger Papiere!

Harald Hoch *und* **Jutta Rössler**

ViGeno. Bestes Autoren Portal!

Für eure Impulse und euer offenes Ohr!

Marco Rossi

Gründer der Wohlfühl-Tage Messe, für sein herzliches, lichtvolles Wirken!

Herr U.F.

Der mich immer wieder auf den Prüfstand gestellt und mich im Endeffekt dadurch gestärkt hat meinen Weg weiter zu gehen!

Und an ALLE Lichtarbeiter, die ohne Konkurrenzdenken und von Herzen wirken ☺

Inhaltsverzeichnis

Vorwort

Mein Wunsch war es schon länger ein Buch in Zusammenarbeit mit der geistigen Welt zu erschaffen. Doch nichts fühlte sich bis jetzt richtig und begleitet an, bis heute Morgen, als mir der Titel vom Buch durchgegeben wurde:

Zurück ins Licht – Wegweiser ins Erwachen

(Nachtrag)

Damals erahnte ich noch nicht, dass es ein Bestseller werden könnte, in kurzer Zeit landete das Buch auf dem ersten Platz der Bestsellerliste, was mich bestärkte, mir und meinem Schreibstil trotz zum Teil heftiger Kritik, treu zu bleiben!

ICH BIN ICH!

Neu: In der 2.ten Auflage, ebenfalls im Handel, möchte ich euch mit tollen Bildern & einem Interview am Ende des Buches überraschen!

Was hat mich dazu bewogen ein Buch zu schreiben?

Seit 2 Jahren gebe ich Seminare und biete Ausbildungen der neuen Zeit/Energie an! Immer wieder stoßen wir auf die gleichen Probleme, die eigentlich gar keine sind.

Mir geht es darum, mein Wissen, wie **einfach** es ist seine Seele zu heilen und sein Licht wieder zu entdecken, vielen Menschen zur Verfügung zu stellen!

Meine Erfahrung zeigt, nichts ist so einfach wie in Liebe, Freude, Fülle und Leichtigkeit zu leben, wenn man mal erkannt und verstanden hat, worum es im Leben WIRKLICH geht!

Viele Menschen sind verwirrt über die zahlreichen Angebote in der Esoterikwelt, die vielen Ausbildungen und Heilmöglichkeiten und anscheinend hat ein jeder Lehrer das Recht gepachtet, der einzig wahre Lehrer zu sein.

Natürlich ist dies verwirrend! Vor allem, wenn man

mittendrin steckt in seinem Chaos, das sich Alltag nennt und dringend nach einem Wegweiser sucht.

Nicht zuletzt landet man oder man hört von einem „Guru", der sich Meister nennt und ist um ein paar Tausend Franken (oder Euro) ärmer!

Das alles muss nicht sein, denn der beste Führer, der beste Wegweiser der **immer richtig** liegt, ist näher als du denkst!

DU SELBST bist dein bester Führer! **DEIN HERZ** ist dein Kompass! **NIEMAND** kennt **DEINEN** Weg, den du bisher gegangen bist und noch gehen darfst! **NUR DU SELBST!**

Es gilt dir wieder zuzuhören, deine Bedürfnisse wieder zu erfühlen und diese auch ernst zu nehmen, **DICH** wieder spüren zu können und irgendwann: **DICH** wieder lieben zu können!

Klar geht das nicht von heute auf morgen, obwohl dies eigentlich möglich wäre, wenn du zu dir sagen würdest: **ALLES IST GUT, SO WIE ES *JETZT* GERADE IST** und du dies auch tief in dir **fühlst** und **weißt.**

Das nennt sich bedingungsloses Vertrauen!

DA soll es hingehen!

Nun wünsche ich dir viel Vergnügen auf deiner wichtigsten, wundervollsten, spannendsten und befreiendsten Reise, die du je angetreten hast: Dein Weg zu **dir selbst**!

Du gehst nun zurück auf die helle Seite des Lebens:

Zurück ins Licht!

****

„Das Leben ist voller unbegrenzter Möglichkeiten.... wenn man erst mal gelernt hat sich dem Fluss des Lebens hinzugeben und dem Leben bedingungslos zu vertrauen!“

© *Simone Sinja*

****

Ich bat die Quelle um ein Begrüßungs-Channeling für und zu meinem Buch!

Channeling/Botschaft der Quelle

Ich begrüße euch im Namen des allen SEINs auf Erden und hinter dem Schleier, den ihr nun mehr selbst spüren und fühlen und dahinter schauen könnt!

Ihr seid nicht alleine, ihr habt Unterstützung aus dem ewigen Lichte. Nichts liegt ferner, als dass ihr denkt alles alleine tragen zu müssen. Eure Rückenschmerzen wären nicht notwendig, wenn ihr erkennen könntet wer ihr seid, wirklich seid.

Ich, die Quelle, spreche im Auftrag des großen Ganzen und möchte euch euer eigenes Erwachen bringen. Dies erfolgt nun mit den ersten Schritten, indem ihr diese Zeilen lest.

Wir, die geistige Welt, sind hier um euch zu unterstützen auf eurem Weg zu euch selbst und somit auch zu mir, zur UR-Quelle der Liebe, dort wo alles entstand.

IHR seid ein großer Teil des Ganzen, ihr seid nicht scheinbar klein und unnütz! Ein jeder von euch hat seine Aufgabe hier auf Erden, vor allem in dieser neuen Zeit!

Du bist ein Leuchtturm, auch wenn du ihn selbst noch nicht strahlen siehst! Du bist das Licht! Du bist die

Liebe selbst. Es bedarf nichts im Außen, denn was wichtig ist, trägst du in dir selbst.

Wenn dein Herz erstrahlt, wenn es vor Freude tanzt, dann bist du auf dem Weg! Deinem Seelenweg, der für dich ALLES bereithält, was du dir tief in deinem Innern erträumst!

Und wenn du es nicht mehr tanzen und jubeln hörst, dann mach dich auf den Weg dein Herz tanzen und jubeln zu lassen! Es bedarf nicht mehr als deiner Liebe zu dir selbst. So gelangst du zum Vertrauen, das in dieser Zeitepoche notwendig und deine Lebensaufgabe ist!

Das Medium Simone Sinja Lady O'Nada ist noch auf dem Weg, doch sie hat bereits so viele Schritte hinter sich gelassen, dass sie befähigt ist, ihr Wissen bereits der Öffentlichkeit zur Verfügung zu stellen. Im Wissen, dass viele Menschen noch tiefer ins Erwachen geführt werden oder erst dadurch beginnen dürfen die Augen für das Wesentliche zu öffnen, für die Liebe und das Leben!

Dieses Buch ist nicht nur Theorie. Ich, die Quelle selbst, werde während das Buch geschrieben wird, begleiten und darüber wachen, sodass nur die Wahrheit das Buch erfüllt.

Am Ende des Buches werdet ihr einen Unterschied erfühlen können zu diesen meinen Worten, die euch zu Beginn erreichen und zu den Worten, die ich zum Abschluss dieses Buches sprechen werde. Die Autorin selbst hat zu dieser Zeit noch keine Ahnung, was sie hier erschaffen wird! Doch das Buch wird gesegnet und für die Menschen ein energetischer Träger sein! Die neue Energie wird durch dieses Buch noch weiter auf der Erde verbreitet! Auch in dir wird das Licht entzündet oder vergrößert, sofern du dies möchtest! Die neue Energie wird verankert und du lernst diese zu leben!

Ich bedanke mich beim Medium Simone Sinja für dieses Geschenk, das durch sie entstehen darf!

Mit der Schwingung und den Worten der Liebe und des Lichtes verabschiede ich mich von euch und sende euch Licht und Liebe! Lasse JETZT geschehen!

Fühle JETZT die Quellenergie, die auch in diesem Bild verankert ist, die dich nun die ersten Schritte ins Erwachen hebt………...

Wiederholungen im Buch

Wenn du dich wunderst, dass sich in diesem Buch einiges wiederholt, das ist Absicht!

Jahrelang haben wir unbewusste, duale Gedankenmuster mit auf den Weg erhalten oder uns selbst welche eingeredet, die uns nicht dienlich sind in unserem Erwachungsprozess, aber dienlich waren, um die Erfahrung des Getrenntseins von Gott / der Quelle zu erfahren.

Heute sind wir in der Zeit angekommen, in der wir den Schleier lichten dürfen und unsere Seele den Weg zurück ins Licht antritt.

Welche Freude, dass wir genau jetzt auf der Erde sind!

Doch dies ist kein „Zufall". Wir haben dies so gewählt, um diesem großen Ereignis, dem Erwachen der Menschheit (die neue Zeit), beizuwohnen!

Nun ist es aber notwendig, dass wir die kristallinen Strukturen, die wir uns einst dafür eingebettet haben (um zu vergessen, wer wir in Wirklichkeit sind), von uns zu lösen.

Dafür reicht die neue Energie, die auf Erden bereits sehr hoch schwingt oder du bittest Kryon darum, diese zu entfernen, in dem Ausmaß wie es zu dieser Zeit richtig und gut für dich ist!

Das heißt, man braucht auch hierfür niemanden außer sich selbst!

In diesem Buch wirst du auf 2 Arten ins Erwachen geführt:

1. Durch die Energie in den Channelings der geistigen Welt und aber auch durch alles andere, was geschrieben steht, denn genaugenommen ist das ganze Buch gechannelt und dadurch heilsam.

Der Teil, der von mir kommt, schreibt auch jetzt, mein höheres Selbst. Denn das höhere Selbst von mir ist auch mit deinem und jedem höheren Selbst verbunden und es weiß genau was notwendig ist, um dein Verständnis und dein Erwachen anzuschubsen!

2. Der zweite Teil, der ins Erwachen führt, sind die ständigen Wiederholungen!

Die Energie dahinter ist nicht immer dieselbe, dennoch sind Wiederholungen notwendig, um dein duales Erdenbewusstsein auf eine andere Ebene zurückzuholen!

Denn es waren auch Wiederholungen, die unsere Eltern, die Gesellschaft und im Endeffekt auch wir selbst uns eingeprägt haben, dass wir so, wie wir sind, nicht „richtig" sind!

Wir wandeln das uns nicht mehr Dienliche in uns Dienliches!

Gedankenmuster werden transformiert und die Aktivierung unseres Lichtkörpers wird eingeläutet oder verstärkt und wir werden neu ausgerichtet auf das

Wesentliche: Wer wir sind und auf Gott (die Quelle / das Universum).

Jetzt benötigen wir aber noch etwas:

Bevor du das Buch weiterliest, ist es von Vorteil, wenn du dich einen Moment besinnst und eine weiße Kerze anzündest oder du dir ein eigenes Ritual vorbereitest:

Dann erlaube der geistigen Welt und mir, Simone Sinja Lady O'Nada, mit diesem Buch für dich zu wirken und dich tiefer in dein Erwachen führen zu dürfen!

Hier ein kleines Beispiel:

Ich, (dann dein Name), erlaube der geistigen Welt und Simone Sinja Lady O'Nada mit diesem Buch für mich zu meinem höchsten Seelenwohl und im Einklang mit Gottesplan zu wirken und mich tiefer in mein Erwachen zu führen.

Ich bitte darum, dass mir meine kristallinen Strukturen, die mir nicht mehr dienlich sind, entfernt werden und ich lasse im Vertrauen geschehen, was geschehen soll!

Ich vertraue darauf, dass alles, was geschieht, meinem höchsten Wohle dient!

Ich bedanke mich bei der geistigen Welt und Simone Sinja Lady O'Nada für ihr wirken!

DANKE!

Dies ist natürlich kein Muss und du kannst, wenn du magst, deine Worte auch selber wählen!

WIR SIND FREIE WESEN!

WIR ALLE SIND WESEN DES LICHTES UND IM GANZEN SIND WIR EINS UND UNTRENNBAR MITEINANDER IM HERZEN VERBUNDEN!

Jetzt geht es darum, dies wieder zu fühlen, zu erkennen, anzunehmen und vor allem: zu leben!

Was ist die neue Zeit?

Jeder spricht darüber oder hat zumindest schon davon gehört oder gelesen.

Um näher darauf einzugehen bedarf es vorweg einer Erklärung, was die altbekannte duale Zeit überhaupt ist... (NOCH) IST!

Denn lange kann sich dieses System, das sich Politik oder Gesellschaft nennt, SO nicht mehr über Wasser halten! Eine Frage an dich.... und beantworte sie für dich selbst ehrlich:

Stehst du JEDEN Morgen mit dem Gefühl auf: „Juheeeee ein neuer Tag, ich freue mich so darauf, ab aus den Federn."

Denkst du am Morgen, wenn der Wecker klingelt: „Jaaaaaaaaaa.... endlich darf ich zur Arbeit!"

Wenn du Hausfrau bist, denkst du voller Liebe: „JAAAAA.... toll, ein neuer Tag mit meinen wundervollen Kindern, wir genießen heute den Tag und machen......"

Oder lebst du vom Amt und denkst jeden Morgen: „Juhuuuuu ich brauche nicht zu arbeiten, was für ein tolles Leben."

Ich denke, ich kenne deine Antwort!

Doch die Frage ist nun, wieso ist das so? Wieso stehst du nicht mit einem freudigen Gefühl auf, einem Gefühl der Liebe, Leichtigkeit, Kraft, Energie und voller Tatendrang?

Wieso stehst du mit einem Gefühl auf, dass du MUSST?

Ganz einfach zu erklären, du lebst mit und für die Gesellschaft. Dir wurde von klein auf erzählt, man MUSS arbeiten, es sei hart sein Brot zu verdienen, man MUSS sich der Gesellschaft anpassen, um zu überleben, es sei SO der richtige Weg. Man hat sich so oder so zu verhalten.

Wurde dir nicht auch mitgeteilt, dass du einen Schulabschluss oder eine Lehre brauchst, egal welche Lehre, doch du MUSST eine Ausbildung haben, sonst kannst du nicht in der Gesellschaft überleben. Oder kennst du den Satz: Das Leben ist ein Kampf?

NICHTS LIEGT FERNER!!!

Was aber, wenn du keine Ausbildung hast und du dich nun tatsächlich nicht selber finanzieren kannst, sondern vom Amt oder vom Mann / von der Frau lebst? Fühlt man sich dann nicht noch mehr als Versager, nicht gehört zu haben, deswegen sitzt man nun in der Abhängigkeit? Ist es nun nicht noch schwerer auszusteigen?

******************* STOP *******************

Ich mag dies nicht mehr aufzählen. Ich denke du weißt, worauf ich hinaus möchte.... Aber es geht noch weiter... Es sind nicht deine Eltern die Schuldigen, obwohl sie für vieles der Auslöser waren. Nicht (nur) sie sind es, die dies zu verantworten haben, denn auch sie MUSSTEN und haben im besten Wissen das weitergegeben, was sie für richtig hielten.

Wir sind in einem Hamsterrad gefangen und laufen im Kreis... immer wieder... Wir werden in diesem Hamsterrad BEWUSST gefangen gehalten von den Großkonzernen und den Behörden / der Regierung und wer auch immer noch dahintersteckt und die Fäden zieht!

Wieso? Damit wir keine eigene Meinung haben und FUNKTIONIEREN wie es für die „Großen“ am bequemsten ist. Wir werden so gesteuert wie SIE es wollen. Glaubst du nicht?

Überprüfe meine Worte: Glaubst du der Wissenschaft oder den Nachrichten?

Auch hier muss ich dich enttäuschen. Du erhältst nur einen kleinen Teil der Wahrheit und diesen meistens noch so verändert, dass die Reaktion darauf die erwünschte Reaktion ist.

Ich möchte keine Ängste schüren, denn sie sind nicht notwendig. Es geht lediglich ums Verstehen, weswegen du NICHT in FREUDE lebst. Das kannst du auch gar nicht!

Soooooooo, was ist nun die NEUE ZEIT?

Viele Menschen haben dieses System durchschaut und tanzen NICHT mehr in diesem Affentanz mit, der sich System nennt. Denn die Sicherheit, die versprochen wird, kann sich so niemals erfüllen! Oder fühlst du dich sicher und gut aufgehoben?

Die Menschen, die dies durchschaut haben, sind erwacht. Sie sind aus dem Schlaf erwacht, in dem sie künstlich durch verschiedene Umstände und Manipulationen gehalten wurden.

Die Menschen, die erwacht sind, KREIEREN ihr eigenes Leben. Sie leben NACH IHREM Herzen, sie leben ihre Berufung.... Sie leben bereits die NEUE ZEIT! Eine Zeit der Liebe und der Fülle!

Wenn dies ALLE tun, haben wir eine Welt der Liebe!

DIE NEUE ZEIT! ☺

Könnt ihr euch vorstellen, wie es ist, wenn jeder nach seinem Herzen lebt und ein JEDER am Morgen mit dem Gefühl der Freude aufsteht? WUNDERVOLL!!!

Das wäre dann so, ich bin das beste Beispiel... und noch viele mehr! Denn wer nach dem Herzen lebt, sich treu ist, hat alles was er braucht!

Du denkst jetzt vielleicht: Gibt das kein Chaos, wenn jeder nach seinem Herzen lebt und jeder das macht was er WIRKLICH will?

Gegenfrage: Leben wir nicht JETZT BEREITS im Chaos???

NEIN!!! Im Gegenteil…. es wäre SOOOO WUNDERVOLL, wenn jeder nach seinem Herzen lebt…. ein JEDER wäre glücklich und zufrieden.... Könnte so Krieg entstehen?

Wer sich jetzt Sorgen wegen der Finanzen macht.... Es gibt ein einfaches System, das das regelt.... Das Gesetz des Universums, denn ES IST FÜR ALLE GENUG DA, VON DEM WAS WIR BRAUCHEN. EIN JEDER KANN IN FÜLLE LEBEN, DIES IST UNSERE Natur! So war und IST es für uns vorgesehen!

Und wenn man nach seinem Herzen lebt, öffnen sich UNGEAHNTE Möglichkeiten, die du dir heute nur im Traum vorstellen kannst.

Und genau DAVOR haben die „Großen“ Angst. Wenn das Geld nicht zu IHNEN fließt, wohin dann?

Dann fließt es dorthin, wo die Berufung lebt oder dorthin, wo es gebraucht wird… 3. Welt… Natur…. NEUE ENERGIESYSTEME!!!

Zumal ich persönlich sowieso der Meinung bin, dass dieses Finanzsystem bald nicht mehr so vorhanden sein wird. Der große Zusammenbruch im Finanzsystem müsste bald geschehen.

Und da stellt sich doch die Frage: Auf welcher Seite möchtest DU DANN stehen.... Angeschlossen an diesem System oder verlasse ich mich lieber auf MICH SELBST oder orientiere ich mich besser an den Menschen, die bereits DIE NEUE ZEIT leben und ein neues System kreiert haben? Nämlich DAS SYSTEM DES HERZENS.

Auch DU kannst die neue Zeit mitgestalten… mit DEINER Berufung, DEINEM Herzen…. DEINEN Ideen.

JEDER ist WICHTIG und JEDER hat WERTvolle Erfahrungen in seinem Leben gemacht, die man einen anderen lehren kann. Ein JEDER hat Fähigkeiten und Erfahrungen und die neue Zeit ist bereit, deine Fähigkeiten und Erfahrungen dankend anzunehmen und für alle, die sie benötigen weiterzugeben!

Eine Trennung der Länder wird unnötig… Wozu auch trennen, jeder kann vom anderen lernen und profitieren. Aus Erfahrungen, Werten und Weltanschauung. Das alles ergänzen………… zusammen……… jeder SEINEN Teil……………… WOW……. Das Paradies wird auf Erden geboren werden….. und wir sind mitten in den Geburtsvorbereitungen!

Konkurrenzdenken UNNÖTIG…. Wozu auch? Ein JEDER hat andere Erfahrungen und ist in SEINEM Gebiet der Profi…. denn JEDEN LEBENSWEG GIBT ES SO NUR EINMAL!

Und es werden genau die richtigen Menschen zur richtigen Zeit zusammengeführt und zwar genau am richtigen Ort!

Wenn jeder nach dem Herzen lebt, funktioniert das ganze System wieder.... Es gibt nur ein funktionierendes System: DIE NATUR!!!

Auch hier etwas Logisches, eine einfache Erklärung, dass es funktioniert.

Schau in die Natur. Ist sie nicht so eingerichtet, dass sich alles scheinbar automatisch im Kreislauf bewegt und immer für alles gesorgt ist? Weiß nicht jedes Tier, wie es mit seinen Jungen umzugehen hat, dass es sich selbst ernähren und fortpflanzen kann?

Oder.... Bäume.... schauen die Bäume nicht mit ihren Früchten, die sie fallen lassen, dass genau so ein Baum wieder entstehen kann?

Oder.... der Kreislauf des Wassers....

Aus dem großen Gewässer verdampft das Wasser.... um am Himmel eine Wolke zu bilden, um dann zu zerplatzen und zu regnen, damit dann DIESES Wasser wieder im großen Gewässer landen kann und der Kreislauf wieder von vorne beginnt.

WIE WUNDERVOLL IST DOCH MUTTER NATUR!!!

Übrigens auch WIR sind Teil dieser Natur.... Wir müssen nur wieder lernen unserer Natur zu folgen, dann ist unser Überleben gesichert und wir können im Überfluss leben... denn es ist GENUG für ALLE da!!!

Wie folgen wir unserer Natur?

Unser HERZ, unser Bauchgefühl... DAS ist unsere WAHRE NATUR! DAS ist der Kompass, der die Richtung kennt.... DORT GEHT ES LANG.... Liebe.... Freude.... Frieden!

DAS HERZ KENNT DEN WEG!!!

Lerne darauf zu hören und du wirst nie mehr Mangel erleiden!

VERSPROCHEN!

Übrigens, ich halte ALLE meine Versprechen!

Die neue Zeit wird kommen, das ist so sicher wie hier die Wahrheit geschrieben ist.

Und ich liebe es die Menschen ins ERWACHEN zu führen und in die neue Zeit zu begleiten.

Es ist so WUNDERVOLL, wenn die Menschen entdecken was WIRKLICH in ihnen steckt, denn ein JEDER hat tolle Fähigkeiten und Ressourcen. Es gilt diese wieder zu entdecken und diese zu leben.

Erwachen hat nicht immer etwas mit Spiritualität zu tun, obwohl wir dort unserer wahren Natur am nächsten sind. Erwachen ist erst mal nur hinzusehen, sich nicht mehr einen Bären aufbinden zu lassen.

Zu hinterfragen, seine eigene Meinung zu haben und zu bilden, sich zu erkundigen, anstatt alles blind zu glauben, was man von der Gesellschaft, der Politik, den Nachrichten etc. gehört hat. WER GARANTIERT DIE WAHRHEIT?

Jeder SELBST soll sich SEINE Wahrheit suchen und finden, denn sie ist nicht für JEDEN zur selben Zeit die gleiche Wahrheit, da wir alle einen anderen Weg zurückgelegt haben. Also lass dem anderen seine Wahrheit, es muss nicht deine sein und doch ist JEDE WAHRHEIT ein Stück des GANZEN.

ES GIBT NUR EINE EINZIGE REGEL:

Bist du nicht glücklich, zufrieden und voller Liebe, lebst du noch nicht DEIN Leben! PUNKT.

Erwache auch du und schau hinter die Fassade. Die Wahrheit ist schon gut vertreten, erkundige dich. Doch auch hier gilt es, nicht alles zu glauben. Inzwischen wird auch mit der Panikmache Geld verdient.

Hinterfrage alles, aber ohne misstrauisch zu sein! Schaue: WAS FÜHLT SICH GUT FÜR DICH AN.

DAS ist dann DEINE Wahrheit.

Es gibt soooooooooo viele Wahrheiten, wie es Menschen gibt. Und das ist gut so. Ein jeder hat bisher anderes erlebt und um aus dem Chaos auszusteigen, braucht jeder einen anderen Weg aus dem Labyrinth.

Ein guter Lehrer lehrt nicht SEINE Wahrheit, sondern unterstützt dich dabei DEINE Wahrheit und DEINEN Weg zu finden!

Auch hier gilt es, wenn du dir Unterstützung suchst, höre auf dein Gefühl.

Nur wenn es sich zu 100% stimmig anfühlt, ist es ein JA von deinem Herzen!

Wusstest du, dass du alles erreichen kannst, was du möchtest?

Wusstest du, dass du noch nicht erfolgreich bist, nur weil du darauf hingearbeitet hast NICHT erfolgreich zu sein?

Unbewusst hast du immer wieder deine Ur-Zweifel, die gesät worden sind von Familie und Gesellschaft, selbst genährt durch deine Gedanken und dann auch durch dein Handeln! Deine UNBEWUSSTEN Gedanken lenkten dich in den Mangel und in die Schwere deines Lebens!

Nichts liegt ferner, als dass das Leben schwer und träge ist! Nichts liegt ferner, als dass wir Mangel erleben müssen!

Was klar ist, unsere Schicksalspunkte stehen seit Anbeginn unseres Lebens fest, zum Beispiel unser Todeszeitpunkt oder große Verluste oder große Gewinne oder auch der Geburtsort etc.

Was aber nicht vorbestimmt ist, ist WIE du diese Schicksalspunkte erlebst und wie du dahin kommst!

Den Weg dorthin darfst du in Fülle, Liebe und Freude genießen! DU selbst kannst ein Leben in Fülle und Freude leben, du selbst kannst dir dein Ur-VERTRAUEN zurückgeben, sodass wenn ein Schicksalspunkt kommt, du diesen mit Leichtigkeit „er“leben kannst / darfst!

Die Schicksalspunkte setzen sich zusammen, um unser Seelenwachstum am besten zu fördern und uns voranzubringen! Es liegt an uns, ob wir dies erkennen und was wir daraus machen!

Wenn du versuchst zu verdrängen, geht es solange gut, bis irgendwann eine Person in dein Leben tritt, die genau diese Themen bei dir spiegelt.... oder spätestens bis auf deinem Sterbebett!

Durch das Verdrängen kannst du aber an diesem Punkt nicht weiterwachsen und nimmst diesen wieder mit in dein nächstes Leben. Diesmal vielleicht noch intensiver, da man ja wachsen möchte! Dasselbe wenn ich versuche wegzusehen oder dagegen ankämpfe!

Wie also am einfachsten durchs Leben gehen?

Annehmen und loslassen! Noch zwei weitere Lernfelder, die man gelernt haben darf, um in Freude und in Leichtigkeit durchs Leben zu gehen!

Schritt für Schritt darfst du nun ENDLICH loslassen! Es ist nicht schwer.... im Gegenteil, es wird dir mit der Zeit Freude bereiten loszulassen und dich einfach im Fluss dem Leben hinzugeben, im VERTRAUEN, dass alles was du benötigst, bereits auf dem Weg zu dir ist und zur richtigen Zeit auch bei dir ankommen wird!

Und wenn es mal, nach DEINEM Empfinden, nicht mehr so schnell vorwärtsgeht wie du es gerne möchtest, dann braucht die Seele einfach eine Pause, um das Gelernte in deinem Lichtkörper und in deiner Seele ankommen und verarbeiten zu lassen!

Dann leg die Füße hoch und genieße die Ruhephase, denn eines ist gewiss... der nächste Prozessschub klopft bald wieder an die Türe! ☺

So, na gut, nun wissen wir also, dass wir auf unser Herz hören sollen / dürfen.

Doch wie macht man das?

Ist es nicht fast unmöglich, in dieser laufend schnellen Welt die leise, sanfte Stimme des Herzens zu hören oder überhaupt wahrzunehmen.

Ja, was nun?

In die Stille gehen, ja dies ist tatkräftig eine, wenn nicht die schnellste Möglichkeit. Doch weiß ich aus eigener Erfahrung, dass viele die dieses Buch lesen, sich dies bestimmt auch schon vorgenommen haben.

Doch wieso blieb es nicht dabei oder führte nicht zur Erleuchtung?

Ganz einfach, es kam nicht aus deinem Inneren, tiefen Inneren heraus! Vermutlich hast du irgendwo mal gelesen oder gehört, dass dich die Stille vorwärtsbringt und wolltest sie diszipliniert umsetzen!

Ist dies nicht mit all deinen Vorsätzen dasselbe? Du nimmst dir etwas vor und hältst dich eine Zeit lang daran und dann geht es im Alltag vergessen! Oder man findet plötzlich die Zeit nicht mehr! Woran liegt das nun?

Du siehst, du stehst nicht alleine da, es geht den meisten Menschen so wie dir. Auch wenn du ein sehr disziplinierter Mensch sein solltest, der alles durchzieht und danach stolz ist. Ist das Ergebnis langanhaltend erfüllend? Oder kommt dann gleich die nächste Herausforderung? Das nächste Projekt? Bist du irgendwann auch zufrieden mit deiner Leistung? Oder dreht sich dein ganzes Leben darum:

„Leistung, Leistung, Leistung!"

Auch dies ist ein Muster, wie es heute oft anzutreffen ist. Viele erleben in den 30er bis 40er Jahren ihr erstes Burnout!

(Hintergrund von Burnout: Liebe / Anerkennung / Aufmerksamkeit durch LEISTUNG erhalten... dies wurde als Kind so empfunden! Liebe für Leistung!)

So und jetzt haben wir 2 verschiedene Systeme.... Vor lauter Bäumen den Wald nicht sehen!

Durchstrukturiert von A-Z oder chaotisch!

Unpünktlich oder überpünktlich!

= schwarz oder weiß!

Wo ist das Grau? Oder wie ich jetzt fragen würde: Wo ist die Farbe?

- Farbe gleich Freude!

- Farbe gleich Frühling!

- Farbe gleich Heiterkeit!

- Farbe gleich Kinder!

- Farbe gleich Liebe!

Farbe wird mit Heiterkeit und Freude assoziiert.

Dies bedeutet: Erst einmal vom Schwarz-Weiß-Denken wegkommen! Es gibt nicht nur ganz oder gar nicht, es gibt auch ein zwischendurch und das ist meistens bunt! Bunt macht Spaß, ist Freude und Lachen. Dies zieht übrigens auch gleich Gesundheit und Erfolg an. Wie kommen wir dahin?

Es gibt einen Kompass „DAS HERZ" – schon wieder! Und immer wieder lautet die Antwort:

„Dein Herz ist dein Führer."

Dein Führer in ein buntes, leichtes und langanhaltendes, freudiges Leben mit unendlich viel Energie und Kraft.

Ein Leben, das erfolgreich verläuft und dann folgt auch die Fülle auf allen Ebenen.

Alles (!) was auf und mit Freude und Liebe und Leichtigkeit entsteht, ist IMMER von Erfolg gekrönt.

Liebe und Freude sind die stärksten Magnete für das Gesetz der Anziehung.

Wenn du nach diesem Resonanz-Gesetz lebst, wirst du erfolgreich sein auf allen Ebenen in deinem Leben.

So einfach? „JA"!

Und wie lebe ich nun die Freude und die Liebe? Dies erkläre ich im nächsten Kapitel!

****

„Dein grösster Kraftplatz im Universum ist,

DEIN HERZ!"

© Simone Sinja

****

Freude und Liebe

Zwei wundervolle Worte, sofern sie gelebt werden können, WIRKLICH gelebt werden können! Dazu muss erst einmal erfüllt sein, dass man weiß, was Liebe ist! Liebe ist nicht gleich Liebe!

Es gibt für mich zwei verschiedene Arten der Liebe, die duale, das Verliebtsein oder die bedingungslose Liebe! Dies ist für mich die WIRKLICHE Liebe!

Diese hat nicht den „WOW... ich bin verliebt"-Effekt, sondern mehr das Gefühl:

Alles ist gut! Alles ist im Einklang! Alles ist so, wie es sein soll!

Eine beruhigende Liebe, eine Liebe die nicht fordert, die nicht eifersüchtig ist, die nicht besitzen will, die keine Ansprüche hegt....... eine Liebe, die einfach nur IST!

BEDINGUNGSLOS! Ohne Wenn und ohne Aber!

Freude.... Was ist WIRKLICHE Freude?

Auch dies erkannte ich erst, als ich das erste Mal ECHTE Freude empfand... Auch diese war nicht mit dem „Wow... ist dies toll"-Effekt verbunden, nein!

Sondern es war eine innerliche Freude, die sich ausdehnte, immer mehr! Das Herz scheint sich auszudehnen, je größer die Freude, desto mehr weitet sich das Herz ins Unendliche!

Jetzt ist vielleicht auch verständlich, wieso die Freude ein energetischer Magnet ist! Stell dir vor, dass sich die Freude über dir ausbreitet, energetisch in Wellenform, wie Schallwellen.... immer mehr und immer weiter, je größer die Freude ist. Nun hat alles, das ebenfalls mit diesem Gefühl mit dir in Resonanz steht, die Chance auf diesen Energiewellen, die bei dir diese Freude auslösen, wieder zu dir zu kommen und zwar auf direktem Wege!

Solche Wellen können zwar auch andere Gedanken und Gefühle auslösen, doch niemals können sie diese Geschwindigkeit und Leichtigkeit erlangen wie die Liebe und die Freude!

Denn dies ist unsere wahre Natur und deswegen wirkt auch nichts stärker magnetisch wie die Liebe und die Freude! Wahre Liebe und Freude schwingt rein, sanft, ungehindert durch alles durch!

Liebe heilt... ALLES! Es sollte nun auch klar sein wieso!

Wie nun komme ich in diese bedingungslose Liebe und in die Freude?

Dazu bedarf es Heilung!

Na super.... Habe ich nicht eben geschrieben, dass Liebe heilt? Und nun muss man erst heilen, um zu lieben? Ja!

Man kommt nicht umhin, dass die Seele heilt. Nur so kann sie wieder lieben! Das Seelenheil geht auch immer mit der Selbstfindung Hand in Hand, ob dies bewusst oder unbewusst abläuft spielt keine Rolle! Je mehr man in der Seele heilt, desto mehr findet man zu seinem wahren Wesen!

So, nun gibt es aber auf diesem Weg der Heilung und der Erkenntnis wiederum einige Stolperfallen! Die größte?

Ich finde die größte Stolperfalle ist diejenige, der wir eigentlich entrinnen wollen! Kaum entscheiden wir uns aus diesem Karussell auszusteigen, stehen wir schon vor dem nächsten!

1000 Angebote, 1000 Möglichkeiten, so viele SCHEINBARE Wahrheiten und ein jeder ist von SEINER Wahrheit überzeugt und versucht diese meist in Liebe (Egoliebe) weiterzugeben! Für einige wird dies ein passender Input sein, für andere ein Umweg auf dem Weg zu sich!

Wie nun das Optimalste aus all den Angeboten herausholen?

Auch hier wieder ganz einfach! Vertrau deiner inneren Führung, sie wird dich genau zu demjenigen Menschen / Angebot / Methode führen!

Nicht DU musst diese FINDEN, sondern sie wird DICH finden! So ist es mit ALLEM, was du WIRKLICH benötigst!

Schau mal, es ist ganz einfach, sende aus was du willst (in Gedanken, Worten oder schreib es auf)!

Ich nenne es: Setze deinen Fokus auf das, was du möchtest. Zum Beispiel, wenn du mal wieder Freude hast, ein Seminar zu besuchen (denk daran, deine Freude soll dein Kompass sein), dann richte deine Gedanken (manchmal hilft auch ein Ritual, um die Gedanken zu fokussieren, ist aber nicht notwendig) auf ein Seminar!

Beschränke dich nicht, indem du ein Seminarthema vorgibst (außer es ist ein Thema so präsent, dass du WEISST, es ist dein nächster Schritt), sondern richte deinen Fokus, mit zum Beispiel diesen Worten, ans Universum:

Ich will ein Seminar besuchen, das mich in meiner Selbstfindung, meinem Heilungsweg / Prozess einen Schritt näher zu mir selbst bringt!

Formuliere selber, so wie du möchtest, doch stets positiv und du wirst genau diese Energie geben! Fokussiere dich NICHT auf das, was du NICHT willst, das versteht die energetische Schwingung NICHT.

Hierfür bin ich bereits ein nächstes Buch am Schreiben: Affirmationen, wie man sie RICHTIG formuliert und anwendet und was sie bewirken!

Den Fokus erst einmal ausgerichtet und ausgesendet WAS du willst, kannst du es gleich wieder vergessen! Lebe dein Leben weiter wie bisher und gehe am besten achtsam durchs Leben, damit du auch die Zeichen und das erwünschte Seminar (oder was auch immer) erkennst! ACHTSAM durchs Leben gehen heißt, NICHT darauf WARTEN! Denn wartet man darauf, hindert man die Energie am Fließen! Irgendwann wirst du an genau das richtige Seminar herangeführt, sei es durch ein Inserat in der Zeitschrift, einen Artikel bei Facebook oder aber in einem Gespräch wird dir von einer neuen Methode berichtet, die bei dir ein Gefühl auslöst von: „DAS ist es!" So als ob du darauf gewartet hättest (was du ja aber nicht hast... lach ☺)!

So funktioniert dein innerer Führer! Mit **ALLEM**!

Die Freude, dein Herz in Leichtigkeit! Denn alles, womit du dich schwertust, entspringt nicht DEINEM Fluss! Lerne im Fluss des Lebens zu schwimmen! Vertraue dem Fluss des Lebens! Er trägt dich genau dorthin, wo es für dich vorgesehen ist!

Und......... vertraue darauf, dass für dich nur das BESTE vorgesehen ist!

Denn fließt du im Fluss des Lebens, fließt du auf der höchsten Frequenz der Liebe! Dies bedarf VERTRAUEN! Bedingungsloses Vertrauen und du bist am Ziel! Was auch immer dies für dich bedeuten mag! ☺

Ein weiterer GROSSER, WICHTIGER PUNKT, über den ich in einem anderen Kapitel sprechen werde!

Eigenverantwortung!

Viele denken zu verstehen, doch WIRKLICH danach leben?

Es ist doch so, sofern wir ehrlich mit uns selbst sind, dass wenn es uns nicht gut geht, es dafür immer einen Grund um uns herum zu geben scheint: Wir sind müde, weil uns gestern der Hund wachgehalten hat! Wir sind traurig, da die Freundin uns belogen hat! Wir haben Schmerzen, da gestern ein Fahrrad in uns hineingefahren ist!

Oder, ich geh noch einen Schritt weiter.........

Ich habe Depressionen, weil ich im Job gemobbt werde oder ich hatte Burnout, da ich im Job ausgenutzt wurde!

Mein Leben macht keinen Sinn, da ich als Kind nicht geliebt oder als Kind geschlagen / missbraucht wurde!

Ich gerate nur an gewalttätige Männer, ständig werde ich angelogen und / oder betrogen.

Ich werde immer ausgenutzt, alle sind so gemein zu mir!

Mein Schicksal ist es, unglücklich zu sein!

Niemand versteht mich WIRKLICH! Ich bin mit allem alleine oder mein Leben ist / war so verkorkst, das kann man nicht mehr „reparieren".

Ich bin austherapiert, mir kann niemand helfen… oder ich lebe nur noch für meine Kinder!

Erkennst du dich irgendwo wieder?

Kein Wunder, denn ein jeder fühlt(e) sich in irgendeiner Form ungerecht behandelt! Doch was hat das mit Eigenverantwortung zu tun?

Hmmmm… dafür darf ich dein Verständnis über die Seelenarbeit ein bisschen vergrößern, sofern du dieses Wissen noch nicht bewusst in dir trägst (unbewusst, weißt du dies, da auch DEINE Seele so „funktioniert“)!

Wenn wir ein Seelenproblem in uns tragen, dieses aber, aus welchen Gründen auch immer, verdrängen oder beiseiteschieben, macht sich dies immer irgendwann im Körper oder sogar durch Unfälle bemerkbar!

Zuerst eventuell nur durch Kopfschmerzen… oder je nach Thema auch die Schultern oder Bauchschmerzen!

Nehmen wir mal die Bauchschmerzen als Beispiel…… Irgendetwas schlägt dir sprichwörtlich auf den Bauch (das Sprichwort kommt nicht von ungefähr). Zum Beispiel du streitest dich oft… Der Grund für den Streit scheint oft wieder beseitigt worden zu sein…. doch dasselbe Thema führt immer wieder zum Streit…. Jetzt kommt eine Entzündung der Bauchspeicheldrüse dazu…. Entzündungen stehen immer dafür, dass ein Konflikt / eine Herausforderung oder eine Belastung (also irgendein Problem) SCHEINBAR gelöst wurde!

Das kommt natürlich immer wieder auf die Situation an, doch gilt es bei einer Entzündung immer GENAU hinzusehen, welches Problem sich gerade gelöst hat und ob es TATSÄCHLICH dauerhaft beseitigt wurde!

Achtet man wieder nicht auf die körperlichen Symptome, muss der Körper deutlicher werden und die körperlichen Leiden verstärken oder sie verlagern sich.... bis eventuell etwas als unheilbar / chronisch diagnostiziert wird / wurde (das heißt nichts anderes, als dass die Ärzte keinen Weg zur Heilung mehr finden können ☺).

Hier kann ich euch ein tolles Buch von Lise Bourbeau empfehlen. Es nennt sich: Dein Körper sagt: „Liebe dich!“

In diesem Buch erklärt sie nicht nur wie man die körperlichen Leiden für sich selbst deuten kann, sondern es beinhaltet viele körperliche Beschwerden, die man nachschlagen kann, um zu verstehen was dir deine Seele über deinen Körper mitteilen möchte!

Sooo, langsam kommen wir wieder zum Thema zurück!

Ich behaupte, nein ich weiß und viele Ärzte werden inzwischen auch ganzheitlich geschult, dass JEDES körperliche Leiden seinen Ursprung in der Seele wiederfindet! Demnach sind wir sogar für unsere Krankheiten selber verantwortlich, da wir nicht auf unsere Seele hören und diese dementsprechend behandeln!

So, was aber mit Kindern oder wenn man mit einem Leiden schon zur Welt kommt?

Das mit den Kindern ist eine heikle Sache und hier gibt es auch eine Erklärung, sofern man an frühere Leben oder an unseren Seelenplan glaubt, den wir zu erfüllen haben. Dies ist aber ein Thema für sich und würde wieder den Rahmen sprengen!

Sollte dein Kind betroffen sein, darfst du dich gerne bei mir melden und ich versuche dir die Hintergründe zu vermitteln. Manchmal darf man bei Kindern sogar Heilung in die Wege leiten (dies ist KEIN Heilversprechen, aber eventuell eine neue Möglichkeit!).

Meistens aber ist der Auslöser der Krankheiten im unmittelbaren Umfeld zu finden, aber eben nur der Auslöser! Die URSACHE.......... liegt mal wieder in der Kindheit (selten von früherem Leben! Hier aber aufgepasst, dass man die Verantwortung nicht wieder von sich schiebt mit den Worten „das ist karmisch“! Diese Worte werden zu oft benutzt und ich schreibe bewusst BENUTZT!). Karmische Leiden, die NICHTS mit heute zu tun haben sind selten!

Zum Beispiel Burnout. Irgendwann, wenn dich die berufliche Situation überfordert, kommt der Zusammenbruch! Diagnose Burnout! So, was nun?

Leidest / Littest du unter Burnout (wird oft auch mit Depression verwechselt) solltest du dir folgende Frage stellen: Messe ich mich an Leistung / Erfolg? Bin ich auch ohne Erfolg etwas WERT? Muss ich immer 200% geben? Fliege ich von einer Herausforderung zur nächsten? Komme ich mal zur Ruhe oder habe ich dann ein schlechtes Gewissen oder halte ich mich dann für faul?

Wenn du dich hier erkennst, frag dich weiter:

Wo, wann und vor allem von wem hast du Anerkennung durch Leistung erhalten?

Denke dabei zurück an deine Kindheit!

So, ich denke du verstehst nun, dass Burnout, wie JEDES andere körperliche Leiden auch, in der Kindheit seine Ursache wiederfindet!

So, nun ist es naheliegend wieder die „Schuld" bei den Eltern zu suchen / finden (die es aber eigentlich nicht gibt, da wie schon beschrieben auch deine Eltern ihr Bestes gaben, nach ihren Möglichkeiten!).

Jetzt kommen wir zum Thema Eigenverantwortung!

Mag sein, dass deine Eltern die Ursache deines BISHERIGEN Lebens waren.... Doch WIESO sollen sie JETZT NOCH verantwortlich für dein Handeln oder dein Leiden sein?

Ja.... sie haben dich in die Lage geführt.... weil sie nicht anders konnten!

Aber jetzt geht es darum zu erkennen, dass DU das verändern kannst! NUR DU! Hier können dir deine

Eltern nicht mehr die Verantwortung abnehmen! HEUTE BIST NUR DU für dein Leben verantwortlich! Für alles, was dir ab JETZT wiederfährt, trägst DU die alleinige Verantwortung! Alles andere wäre Selbstmitleid oder Bequemlichkeit, wegschauen, verdrängen und sich in der Opferrolle bewegen!

Hier geht es nicht um Schuld, sondern darum, dass man hinschaut, die Ursache erforscht, erkennt und beseitigt!

Es fängt im täglichen Leben ganz klein an! Vermeide Wörter / Sätze wie: Du hast mich verletzt, du machst mich traurig, immer machst du....

Spreche nur noch in der ICH–Form: ICH fühle mich traurig.... Es hat MICH verletzt.... Ich mag dieses ständige Streiten nicht mehr.... Ich fühle mich ausgenutzt (NICHT: DU nutzt mich aus).

SO beginnst du schon im Alltag für DICH und DEINE Gefühle Verantwortung zu übernehmen! Denn wenn dich etwas verletzt, ist NIE dein Gegenüber verantwortlich! Denn dein Gegenüber kann dich nur dann verletzen, wenn dein inneres Kind sich verletzt fühlt!

Was? Alles was die Menschen / der Partner mir antut, hat nichts mit ihm zu tun?

Hmmm.... er ist zwar verantwortlich für SEIN Handeln... nicht aber dafür, was es IN DIR auslöst!

Im Endeffekt bist auch DU verantwortlich, wenn du dir das gefallen lässt! Du hast hier mehrere Wahlmöglichkeiten! Du akzeptierst die Person, so wie sie ist........... darfst dich dann aber nicht beklagen! Oder du verabschiedest dich von dieser Person! DU entscheidest, was und wer in deinem Leben ist!

So wie beruflich.... Du wirst ausgenutzt? Dann geh und suche dir etwas Neues! Du magst jetzt einwenden: Ist aber nicht so einfach in der heutigen Lage.... DOCH IST ES!!!!

Wir sind von NICHTS und niemandem abhängig! Auch wenn uns die Gesellschaft / Politik / Eltern etwas Anderes einreden! Deine Gründe, wieso du nicht gehst, haben andere Gründe! Diese Gründe: Existenzängste / Mangeldenken / Kein Vertrauen in dich!!! Und in der Beziehung dies: Verlustängste / Abhängigkeit / Nicht allein sein können!!!

Soooooooo, auch hier gilt es die Themen anzuschauen, damit man eine Beziehung in WAHRER Liebe / Freundschaft führen kann! Das heißt nicht, dass du deine(n) PartnerIn / FreundIn verlassen sollst, es heißt, dass du Verantwortung dafür übernimmst, was dir widerfährt! Du willst es so.... sonst geh!!! Mach niemals mehr jemandem einen Vorwurf dafür, wie dein Leben JETZT ist!

Dies kannst du verändern!!!

(Manchmal ist es aus therapeutischer Sicht aber notwendig die Verantwortung mal klar zu den Eltern zu schieben und ihnen dies auch ganz klar an den Kopf zu knallen. Dies ist aber individuell und kann NICHT verallgemeinert werden).

Woooooooow……. Ganz schön hart, so die Wahrheit zu hören, oder? Aber genau diesen Punkt verstanden und gelebt, bringt dir die ersehnte FREIHEIT! Innerlich wie äußerlich!!!

Ohne Eigenverantwortung bist du ein Leben lang fremdgesteuert und funktionierst nur!

DAS ist aber nicht LEBEN, zumindest nicht in meinen Augen. ☺

Freiheit, Freude, Liebe, Leichtigkeit und im Endeffekt in Fülle kannst du nur leben, wenn du eigenverantwortlich denkst, sprichst und handelst!

Wir dürfen Fehler machen! Wir MÜSSEN Fehler machen, um zu wachsen! Dürfen wir auch! Doch es gilt für seine Fehler geradezustehen! Sich hinzustellen und ja zu SICH SELBST zu sagen! Dies fällt wesentlich leichter, wenn man bei sich angekommen ist! Ankommen? Dies nun mein nächstes Kapitel.

Bei sich ankommen

Letztens unter der Dusche, ja ich erhalte tatsächlich meine größten Geistesblitze meist unter der Dusche, wurde mir seit langem wieder einmal bewusst, dass ich nicht ganz bei mir bin. Zu viel hatte ich HEUTE noch im Hinterkopf und lebte mit dem Gedanken, oh, ich muss heute noch dies, ich muss noch jenes!

Da ich bereits im Fluss des Lebens lebe, sind dies zum Glück meist nur 2 oder 3 Sachen, die ich nachträglich noch erledigen muss / darf. Doch diese nehmen mich aus dem Fluss heraus und das ist für mich ein sehr unangenehmes Gefühl! Ich fühle mich dann, als ob ich mich verloren habe.

Als mir dies so bewusstwurde, war mir auch blitzartig klar, wieso ich bis fast 35 Jahre nicht bei mir ankommen konnte! Ja, es war unmöglich anzukommen, wenn man auf der To-do-Liste noch soooooo viel stehen hat!

Und meistens existiert nicht einmal eine To-do-Liste. Nein, man hat einfach einen überfüllten Kopf mit dem Wissen „ich muss dies und jenes noch erledigen“ und meist fallen einem am Tag mindestens 3 neue Sachen ein, die man ja auch LÄNGST erledigen wollte, plus die Sachen, die jeden Tag neu dazu kommen, inklusive Termine beim Amt / Arzt etc.

So, nun sag mir bitte: WIE will man denn da JEMALS ankommen? Geht gar nicht!

Gibt es eine Lösung?

Ja, ich habe eine Methode / Übung für dich! Es braucht ein wenig Ausdauer und Konsequenz diese Übung umzusetzen, aber es ist eine Möglichkeit mehr bei sich anzukommen (nebst dem Seelenheil)!

****

„Wer der Liebe fremd ist,

kennt nichts und Niemand.

Wer Liebe IST, kennt ALLES und JEDEN!"

© Simone Sinja

****

Übung

Stell dir eine To-do-Liste zusammen mit all den Sachen, die du erledigen musst / darfst / sollst….

Nimm ALLES auf die Liste, was dir jeden Tag durch den Kopf geht und wozu du dich bewegen musst! Alle Termine… Putzarbeit, Privates sowie Geschäftliches und Familiäres, Hobby und Unternehmungen, Versprechungen oder Umzug, aufhören zu rauchen oder Diäten etc. Alles, was dir immer mal wieder im Kopf herumspukt!

Dann führe diese Liste konsequent weiter. Immer wenn dir etwas Neues in den Sinn kommt, was du noch zu erledigen hast, schreib es dazu. Wenn du etwas erledigt hast, streich es weg!

So erkennst du bald, WAS dich davon fernhält dir ein großes Stück näher zu kommen!

Versuche eine Strategie zu finden, wie du diese Liste LEER kriegst oder zumindest so hinkriegst, dass alles in einem entfernten Abstand zueinander liegt! So, dass das Gefühl von Stress gar nicht entstehen kann!

Jetzt kommt ein wichtiger Teil, dazu bedarf es GROSSER Ehrlichkeit dir selbst gegenüber! Wenn du erkennen solltest, dass diese Liste niemals leer sein kann…. oder die Zeitabstände dieser „Arbeiten“ niemals stressfrei zu bewältigen sind:

DANN…. SPÄTESTENS DANN

überlege dir, WAS in deinem Leben so viel Raum einnimmt, dass du an deinem WIRKLICHEN Leben vorbeiläufst! Und nicht nur an deinem Leben, sondern was noch tragischer ist, an dir SELBST!

Dann gilt es, was für viele Menschen ebenso schwierig ist, zu handeln und ENDLICH etwas zu verändern!

Was, wenn du schon längst weißt, WAS dich von dir selbst fernhält? Du bisher nicht handeln konntest? **Dann** gilt es herauszufinden, woran dies liegt! Meist sind es falsches Sicherheitsdenken, das uns seit der Kindheit von den Eltern oder der Gesellschaft eingeredet wurde, Existenzängste, Selbstwert etc.

Also wieder die gleichen Probleme, die wir nun ja kennen! Ist dein inneres Kind geheilt, werden sich diese Probleme zu 95% in NICHTS auflösen!

Wenn du übrigens gerne meditierst…. Ich habe in meinem Onlineshop eine hochenergetische geführte Meditation zur Heilung des inneren Kindes auf CD, die dich hier sehr gut unterstützen kann! ☺

Das Höchste, das du in diesem Leben erreichen kannst, stelle ich dir im nächsten Kapitel vor!

Bedingungsloses Vertrauen

So, nun hast du eventuell deine To-do-Liste leer. Was nun? Auf der faulen Haut liegen, nichts tun, dem Staat auf der Tasche liegen oder von den Eltern schmarotzen? Wurde uns nicht genau das immer mitgeteilt, dass wir faul sind, wenn wir NICHTS tun? Weswegen sonst haben wir eine To-do-Liste in unserem Kopf, die niemals endet, wenn wir aus diesem Hamsterrad nicht aussteigen?

Genau dies ist mitunter ein Grund. Wir wollen doch nicht faul sein oder wir wollen den Ansprüchen und Erwartungen anderer genügen!

Doch im Endeffekt müssen wir uns nur selber genügen. Punkt!

Dies gelingt uns über die Selbstliebe. Diese erst mal WIRKLICH gelebt, gilt es ein neues Thema anzuschauen.

Vertrauen.... Puhhh.... Jetzt kommt aber was.... Sind wir nicht alle durch die Kindheit geprägt, sodass wir irgendwann „ZU" gemacht haben, um zu überleben? Wir uns irgendwann gefügt oder ergeben haben? Methoden erlangt haben uns irgendwie durchzuschlängeln? Ob psychisch oder in der materiellen Welt. Wir haben Strategien entwickelt, wie wir am besten durchs Leben kommen, um Anerkennung zu erhalten, zu genügen, zu verdrängen oder wirklich um zu überleben! Dies alles sind Methoden WEIT weg von Vertrauen!

Wie kommst du dahin? Du bist bereits auf dem Weg, da du dieses Buch liest. ☺

Genügt das.... Ja.... sofern du alle Punkte verstanden hast und auch umsetzen kannst / darfst. ☺

Da du nun deine To-do-Liste „abgearbeitet“ hast (mach dir hier keinen Druck, es ist kein MUSS... du darfst dir diese Liste ebenfalls erstellen, wenn du soweit bist oder wenn du Lust dazu hast, denn denk daran.... dein Herz soll dein Führer sein, DANN ist JEDES Projekt von Erfolg gekrönt!), kannst du dich daranmachen, deine Wünsche einmal auszusprechen, sie dir vorzustellen, zu überdenken, zu überarbeiten etc.

In einem anderen Kapitel findest du eine Übung für dich, die du, sofern du magst, ausführen darfst! Diese Übung dient dem Fokussieren und somit dem Manifestieren!

Hast du erst mal ein großes Ziel, benötigst du jede Menge kleiner Schritte, um dies zu erreichen!

Hier gibt es 2 Varianten, je nach dem wo du stehst, die 100%ig zum Erfolg führen! Also vorausgesetzt, diese RICHTIG angewendet!

Die 1. Variante ist nicht ganz so einfach, wie sie sich anhört. Mein Weg der Berufung / Selbständigkeit begann genau damit, die Menschen darin zu unterstützen ihre Ziele zu erreichen, deswegen auch bis heute der Name meines Unternehmens: Ziel vor

Augen. ☺ Heute definiere ich es zwar auf anderer Ebene, doch der Name ist noch immer treffend!

Ziele zu haben ist wichtig, denn man richtet seine Energie auf etwas, das sich dann manifestieren darf! Doch WIE setzt man sich RICHTIG Ziele? Gar nicht so einfach, denn wir sind darauf ausgerichtet (du solltest langsam verstehen von wem und wieso), uns zu HOHE Ziele zu setzen, sodass der Misserfolg nicht lange auf sich warten lässt und wir so unseren Selbstwert und Mut weiterzumachen vorübergehend wieder auf den Nullpunkt befördern! Uns hier wieder aufgepäppelt, versuchen wir es gar nicht mehr (oder erst VIEL später), aus Angst zu versagen! Der Trick ist, KLEINE leicht zu erreichende Ziele zu haben, die dich Schritt für Schritt vorwärtsbringen! Und wenn mal ein Ziel nicht erreicht wurde, dieses zu bearbeiten und zu schauen WIESO nicht! Dies aber hier zu erklären würde den Rahmen sprengen. Vielleicht gibt es ja bald ein weiteres Buch von mir, welches das Zielefinden, Zieleumsetzen, das Zielebearbeiten, Zieleerreichen im Detail erklärt. Doch vielleicht ist dies für DICH gar nicht notwendig! Denn die 2. Methode ist WEIT weg von planen und strukturierte Ziele setzen. Dazu jetzt mehr!

Die 2. Möglichkeit, die ich bereits dankbar nutze, heißt: Vertrauen! Bedingungsloses Vertrauen und im Fluss leben! Im Fluss leben hört sich so einfach an, doch es bedarf wirkliches Vertrauen in SICH SELBST und in das Universum / in die höhere Macht / Gott oder woran auch immer du glaubst!

Denn wenn du dich dem Fluss hingibst (Hingabe, auch ein Thema des Vertrauens), kommt ALLES was du brauchst und du dir von Herzen wünschst ganz von alleine zu dir!

IMMER? JA! Und zwar ohne dein Zutun! Abwarten, nach dem Herzen leben und dich beschenken lassen!

Aber Vorsicht, wenn du diese Methode ausprobierst. Es geht hier nicht ums Nichtstun und auf dem Sofa sitzen, obwohl, wenn dir das FREUDE bereitet, ist auch DAS genau das Richtige!

Denn Freude ist Antrieb, Freude ist Manifestation, Freude ist das Notwendige, um überhaupt in die Fülle zu gelangen. Natürlich auch Liebe, doch man kann nur für etwas Freude empfinden, das man auch von Herzen liebt, sonst ist es keine WIRKLICHE Freude! Also, es geht nicht um das depressive zu Hause Sitzen und nichts tun. Ein bisschen Heilung darf bereits vorangegangen sein, bis man hier an diesem Punkt stehen darf.

Dann aber vorsichtig sein, dass du nicht in ein altbekanntes Muster fällst! Dies nennt sich UNGEDULD, Angst haben nicht schnell genug zu sein, nicht zu genügen, so wie man JETZT gerade ist! Bei diesem Versuch in den Fluss zu kommen, zeigen sich nochmals DEINE Themen, die noch nicht aufgelöst sind! Schau genau hin ohne dich zu belügen und arbeite weiter daran!

Was genau heißt in den Fluss kommen?

Sich hinzugeben, im Vertrauen, dass stets für einen gesorgt ist und alles zur RICHTIGEN Zeit kommen wird! (Dies dauert meist ein wenig länger, als wir erwarten! Dies dann abzuwarten, auszuhalten bedarf großes Vertrauen! Hier spielt natürlich auch wieder die Heilung des inneren Kindes eine Rolle und es ist eine Chance zu erkennen, wo dein Ur-Vertrauen noch Heilung benötigt!).

Um dein Vertrauen zu stärken oder erst mal den Samen zu setzen, habe ich in Zusammenarbeit mit der geistigen Welt eine Meditation für dich erstellt!

Ich freue mich, dir diese nun vorzustellen und dir ein Geschenk der tiefen, bedingungslosen Liebe zu überreichen!

Lebensweg Meditation - Samen des Vertrauens

Nimm drei tiefe Atemzüge und du findest dich wieder bei einer Regenbogenbrücke.

Die erste Farbe, die du durchschreitest ist Blau.... Du spürst, wie sich mit jedem Atemzug dein Körper mehr und mehr entspannt....

Pause.

Mit einem großen Schritt kommst du in die Farbe Gelb und läufst langsam durch die Farbe weiter.... Jeder Schritt in dieser Farbe lässt dich Wärme spüren, die dich noch tiefer in die Entspannung führt. Die Wärme strömt von deinem Kopfende, Scheitelchakra durch all deine 7 Hauptchakren und weiter.... bis sich die Wärme in deinem ganzen Körper ausgebreitet hat.

Der Übergang ins Rot ist fließend... und während du das Rot durchschreitest, fallen die Alltagsbelastungen von dir ab.... Du spürst, wie du leichter wirst und alle zwischenmenschlichen Sorgen sich im roten Licht auflösen....

Die nächste Farbe ist Rosarot.... Die pure Liebe erfasst dich.... während deinem Vorwärtsschreiten in der Farbe Rosarot spürst du, wie du getragen wirst von der unendlichen Liebe Gottes. Alle Sorgen scheinen zu verfliegen und du kommst in ein tiefes Vertrauen.... Gedanken ziehen vorbei und werden zur

Nebensache.... Du lässt alle Gedanken vom rosa Wind davontragen und spürst eine tiefe Entspannung.

Vor deinem geistigen Auge breitet sich langsam die Farbe Violett aus.... Die Farbe Violett verbindet dich tief mit ALLEM was IST. Dein Bewusstsein dehnt sich aus bis in weite Höhen des Universums. Alles auf der Erde scheint unwirklich und unwichtig geworden zu sein.... Dennoch bist du fest verwurzelt und hast einen klaren Geist.

Der Wechsel ins Türkis lässt dich WUNDERvolle Bilder entdecken, die an dir vorbeiziehen.... Jedes dieser Bilder führt dich tiefer in deinen Seelenkern, in dein innerstes SEIN.

Fast unbemerkt ist der Wechsel zum weißen Licht, das sich anfühlt wie die pure Freiheit.... Hier ist alles möglich, hier bist du geschützt.

Hier ist nur Platz für das Licht und die Liebe.

Nun bist du am Ende der Regenbogenbrücke angelangt und stehst vor einem langen Weg.

Es ist DEIN Lebensweg. Wie sieht er aus? Was hat es rechts des Weges und was links?

Auf diesem Weg gehst du ein paar Schritte, bis dir der Weg von drei großen Steinen versperrt wird. Du gehst zum größten Stein hin und siehst ihn dir genauer an.... Da steht etwas drauf.

Bewusst nimmst du diesen Stein und legst ihn zur Seite, dann gehst du zum nächsten Stein und schaust was auf diesem steht, auch diesen legst du BEWUSST zur Seite und gehst zum dritten Stein, den du ebenfalls betrachtest und zur Seite legst.

Auf dem Weg sind jetzt nur noch kleine Steine zu sehen, die du leicht umgehen kannst, um weiter vorwärtszugehen.

Wie fühlt es sich unter deinen Füßen an? Wie verläuft der Weg? Kurvig oder eher gerade? Steil bergauf, bergab oder geradeaus? Wie fühlst du dich auf deinem bisherigen Weg?

Alle Gefühle sind erlaubt, du weißt, du bist geschützt und darfst deine Gefühle zulassen und wahrnehmen.

Langsam kommst du an das Ende dieses Weges und stehst am Ufer eines Flusses.

Du stehst davor und schaust zum Wasser. Ist es ein ruhiges Gewässer oder eher stürmisch? Tiefes klares Wasser oder eher seichtes Wasser von ein paar Zentimetern?

Genau für dieses Gewässer siehst du plötzlich ein Flussfahrzeug am Steg. Vielleicht ein Motorboot, ein Holzboot oder sogar ein Dampfer. Es kann auch ein Floss oder Ähnliches sein.

Du weißt, dies ist DEIN Gefährt für deinen weiteren Weg. Du betrachtest es genau und findest vielleicht ein paar Risse oder sogar ein Leck vorne oder hinten.

Vielleicht ist aber auch nur der Lack oder die Farbe ein wenig ab oder die Schrauben sitzen locker oder der Nagel ist rostig.

Ganz vorne im Boot findest du eine Werkzeugkiste, die genau die Werkzeuge beinhaltet, die du benötigst. Schau dich genau um und repariere das Boot…….

Pause.

Lass dir Zeit! Wenn du das Gefühl hast, alles repariert zu haben, teste das Boot nun, ob es dich trägt.

Sobald es sicher und stabil ist und du dich damit sicher fühlst, kannst du dich mit dem Gefährt auf den Fluss begeben und dich treiben lassen.

Du fühlst dich sicher, egal wie die Fahrt verläuft.

Wie ist das Wetter? Schau dich um…. Siehst du Wolken oder die Sonne? Stürmt es oder ist es ruhig? Egal wie das Wetter ist, das Boot oder Schiff ist sicher und du weißt das.

Du wirst weit hinausgetragen auf das offene Meer, bis du um dich herum nur noch den Horizont wahrnehmen kannst. Weit und breit nur Wasser……

Pause.

Irgendwann bemerkst du, dass sich das Wasser verändert. Es wird ruhiger, klarer und die Farbe verändert sich auf WUNDERsame Weise in ein tiefes magisches Türkis.

Das Wasser glitzert so traumhaft wie in einem Märchen. Es treibt dich langsam auf eine wunderschöne Wiese zu. Das Grün ist unbeschreiblich und die vielen Blumen erstrahlen in den schönsten Farben.

Du sitzt immer noch im Boot und staunst über diesen märchenhaften Ort. Die Atmosphäre hat etwas Magisches, Ruhiges. Du schaust nach oben und entdeckst einen großen, wunderschönen, farbenprächtigen Vogel, der dir ein durchsichtiges Gewand vor die Füße legt. Du streifst es dir über und betrittst diese magische Wiese. Soweit dein Auge reicht, siehst du Fabelwesen, Fabeltiere, Bäume, Blumen, magisches Glitzern, vielleicht Kobolde, was auch immer du siehst, sie sind zu deiner Begrüßung gekommen.

Staunend bleibst du stehen. Du schaust dich um und weit oben auf dem Berg steht ein großes Schloss aus Kristall. Du siehst wie ein Wesen das Schloss verlässt und sich auf den Weg macht dich abzuholen.

Unter deinen Füßen spürst du die weiche Wiese, die sich angenehm um deine Füße schmeichelt.

Du wartest gespannt…

Immer näher kommt das Wesen, bis du langsam erkennen kannst, was oder wer es ist.

Wenn ihr euch gegenübersteht ist sofort klar, dass du ihm folgen sollst.

In Stille, gemeinsam folgt ihr dem Pfad zurück zum Schloss.

Du hast nun die Gelegenheit dich mit dem Lichtwesen zu unterhalten und Fragen zu stellen.

Das Wesen trägt alles Wissen in sich und wird dir gerne zu deinem höchsten Wohle deine Fragen beantworten.

Pause.

Jetzt geht es noch ein kleines Stückchen des Weges und ihr steht vor einem großen Tor, das in den schönsten Regenbogenfarben erstrahlt und leuchtet.

Du bedankst dich beim Wesen und ihr verabschiedet euch. Nun stehst du vor dem Tor und du schaust daran hoch und bist beeindruckt, wie strahlend und wundervoll dir dieses Tor erscheint.

Langsam und von alleine öffnet sich das Tor.

Voller Vorfreude und Vertrauen schreitest du durch das Tor und betrittst einen wundervollen Raum.

Dieser Raum ist das Schönste, was du je gesehen hast. Voller Farben, Leuchten, Glitzern.... Du schreitest hindurch und kommst aus dem Staunen nicht heraus. Die Energie ist leicht, hell und sie berührt dein Herz.

Weiter vorne im Raum siehst du ein strahlendes Licht. Je näher du kommst, desto größer wird es. Es zieht dich magisch an und du schreitest immer näher zu diesem Licht.

Pause.

Du entschließt dich mit dem Licht zu verschmelzen.

Das Licht und du, ihr werdet eins. Zusammen in der Einheit werdet ihr immer strahlender und größer.

Ihr dehnt euch aus, immer mehr bis ins Unendliche.

Genieße das Gefühl, das dich umgibt.

Dieses Gefühl ist ein Gefühl des bedingungslosen Vertrauens, der Geborgenheit, der Liebe.

Pause.

Diese Energie ist von nun an in deinem Herzen gespeichert.

In dieser Verschmelzung machst du dich wieder auf die Heimreise. Du durchschreitest, verbunden mit der Quelle, den prächtigen Raum. Du fühlst dich wie auf Wolken und doch gut geerdet.

Du fühlst dich erholt und gestärkt und du weißt, alles ist gut, so wie es jetzt ist!

Dieses Vertrauen begleitet dich von nun an dein ganzes Leben.

Der Samen des Vertrauens ist gesetzt und wächst mit dir von ganz alleine in die stabilste Pflanze, die ewig erhalten bleibt. Mit dieser Sicherheit verlässt du das Schloss und läufst den Pfad zurück.

Die Vögel, die Fabelwesen, die dir unterwegs begegnen, sehen dich wissend an und freuen sich mit dir über das wundervolle Geschenk. Genieße den Weg zurück, tanzend, langsam, lachend oder ruhig, so wie es eben jetzt ist.

Beim Boot angekommen versammeln sich alle Wesen, Tiere, Schmetterlinge, Vögel, Einhörner, Elfen, Kobolde und die Engel und verabschieden sich von dir.

Sie sagen dir, dass du zu jeder Zeit auf der Insel willkommen bist und jederzeit das Schloss besuchen kannst. Das Gewand darfst du als Geschenk behalten und immer, wenn du in das Gefühl des Vertrauens gehen möchtest, ziehe das Gewand an und du gelangst wieder in die Einheit….

Nun steigst du wieder in das Boot und langsam beginnt es abzulegen….

Ihr winkt euch zum Abschied zu….

Du drehst dich um und siehst den Fluss vor dir, immer in Regenbogenfarben und erstaunt darüber wie ruhig du getragen wirst. Die ganze Fahrt ist voller wundervoller Eindrücke.... Glitzer im Wasser.... himmlisches Blau.... Delphine, die dich begleiten.... Du entdeckst am Horizont einen großen Regenbogen. Am Ende der Fahrt, am Ufer angekommen, wird dir bewusst, dass dich das Boot die ganze Zeit sicher und stabil begleitet und getragen hat. Am Ufer steigst du aus und gehst den Weg zurück. Auch dieser Weg fühlt sich weicher und sanfter an wie zuvor. Irgendwie hast du das Gefühl, als ob du nach Hause schwebst. Weit und breit keine Steine mehr, nur ein wundervoller Pfad nach Hause.

Du siehst vor dir wieder die Regenbogenbrücke und freust dich, bald wieder bei dir zu Hause im Hier und Jetzt ankommen zu können.

Du hast jetzt ein wundervolles Geschenk in deinem Herzen....

Du schreitest durch das weiße Licht und immer mehr spürst du, wie du die Ebenen der Lichtwelten verlässt....

Es begegnet dir das Türkis, das du durchschreitest bis du beim Violett angekommen bist.... Langsam beginnst du deinen Körper zu spüren und du schreitest durch das Rosarot bis du im Rot angekommen bist.... Bei der Farbe Gelb beginnst du dich wieder zu bewegen, zu erinnern wo du bist und wer du bist.... Beim Blau kannst du deinen Namen nennen und bist wieder im Hier und Jetzt angekommen......

Ich danke dir für dein Vertrauen und dass du mich begleitet hast auf der Reise zum:

„SAMEN DES BEDINGUNGSLOSEN VERTRAUENS."

****

„Das Vertrauen ist die Grundlage, um sich vom Fluss des Lebens tragen zu lassen!"

© Simone Sinja

****

Authentisch

So, das Vertrauen ist nun gesät. Nun geht es darum, erst mal zu wissen, was nun dein erster Schritt sein soll / darf!

Der erste aktive Schritt, auch im Außen und um in die Heilung zu kommen, ist erst mal zu sich zu stehen! Sich SELBST nicht anzulügen oder zu erkennen, wo lüge ich mich an (und dies ist meist mehr, als man sich eingestehen möchte, denn dies würde ja Veränderung bedeuten und davor haben wir meistens Angst). Dann auch im Außen lernen Worte der Wahrheit zu sprechen und ehrlich zu den Mitmenschen zu sein!

Im Außen sich und seine Meinung zu vertreten ist wichtig und gehört zum ersten Schritt, den du lernen darfst!

Beginnt man nämlich mal den „Mund" aufzumachen und auch mal ein NEIN auszusprechen, beginnt man sich selbst ernst zu nehmen und auf seine Gefühle zu hören!

Nein zu sagen ist für die MEISTEN Menschen ein schwieriger Akt, da man das Gefühl hat, wenn man dem Gegenüber ein NEIN ausspricht, von diesem nicht mehr akzeptiert, angenommen, verstanden oder geliebt zu werden (inneres Kind) oder auch nur aus Angst davor für egoistisch gehalten zu werden! Zu oft hörten wir in der Kindheit: „Du tust nichts für mich", „Du bist egoistisch", „Du denkst nur an dich" oder „Wenn du dies nicht machst, habe ich dich nicht mehr lieb“ oder „Ich bin enttäuscht, dass du das nicht für mich machst“ etc.

Kein Wunder sind es genau die Sätze, die man im Erwachsenenalter zu meiden versucht!

Man will es allen recht machen!

Doch nichts liegt ferner, als dass man egoistisch ist, wenn man zuerst für sich schaut! Denn ZUERST geht es immer um MICH SELBST! MIR muss / darf es gut gehen, erst dann kommt das Gegenüber!

ICH muss lernen zu verstehen, dass ICH die NUMMER 1 in meinem Leben bin! Erst dann kommen die Kinder, der Partner oder gar die Eltern!

Erst wenn es MIR SELBST WIRKLICH gut geht, kann ich auch eine Unterstützung oder Hilfe sein ohne mich selbst ausgelaugt oder ausgenutzt zu fühlen oder ausgenutzt zu werden!

Von Herzen geben ist WUNDERBAR! Doch bitte immer zuerst DIR!

Dann bist du auch ein Fels in der Brandung oder ein Licht in der Dunkelheit für andere!

Denn wie soll ein Ertrinkender, der selbst am Untergehen ist, einen anderen retten oder wie soll man für einen anderen das Licht anzünden, wenn man selbst im Dunkeln sitzt? Das läuft darauf hinaus, dass man entweder einen LEIDENsgenossen mehr hat, sich in Abhängigkeiten verstrickt, sich in Schuldgefühle fallen lässt oder man begibt sich in die Opferrolle (da alle mich ausnutzen etc.).

Also ganz wichtig zu verstehen: DU kommst zuerst! Deine Gefühle ernst nehmen und zu ihnen stehen! Im Außen deine Meinung vertreten und nur noch tun, was du auch WIRKLICH willst!

(Natürlich gibt es Ausnahmen, vor allem, wenn man Kinder hat und keine Lust auf einen Arzttermin hat, sollte man diesen dennoch wahrnehmen etc.) Wenn wir Kinder haben, haben wir natürlich eine Verantwortung, da können wir nicht unsere Bedürfnisse über die der Kinder stellen, dennoch ist es auch nicht erwünscht, dass wir uns selbst für die Kinder aufgeben! Hier gilt es zu schauen, dass NIEMAND zu kurz kommt! ☺ Doch Erziehung und Kinder sind sooo große Themen, welche ich in diesem Buch nur anschneiden werde und an eure Verantwortung und Elternrolle appelliere! (Darüber biete ich übrigens Seminare, Kurse oder Ausbildungen zum „INDIGO Family – Coach“ an! ☺)

Lerne NEIN zu sagen, deine Seele wird es dir danken! Und wenn du am Anfang ein wenig hart sein musst, um bei deinem NEIN zu bleiben, ist dies erst mal vollkommen in Ordnung!

Überprüfe nicht nur dein privates Umfeld, sondern überprüfe auch dein berufliches Umfeld! Ist es wirklich DAS?

Oder deine Freunde, sind es WIRKLICH Freunde?

Schau für DICH, wo steht Nehmen und Geben im Einklang und wo darfst du ein wenig mehr geben oder nehmen? Geben und Nehmen sollen sich stets die Waage halten!

So, ich bitte dich in Zukunft genau in dich zu hören. Wo gehst du gerne hin, was machst du gerne und was tust du „nur" für andere? Wo traust du dich nicht Nein zu sagen oder wo fürchtest du dich deine Meinung auszusprechen!

Beginne genau DA! Das soll in nächster Zeit dein Übungsfeld sein!

Hier kann ich dir eine Übung empfehlen, die sich über mehrere Monate erstreckt. (Ist kein MUSS, aber eine gute Möglichkeit sich zu erkennen, denn vieles läuft unbewusst ab!)

Übung

Nimm dir einen Zettel / Block, welchen du von nun an jeden Abend hervor nimmst und dir notierst, wem du heute begegnet bist. Dann schreib auf, ob die Begegnung positiv war oder eher schwierig verlief! Dann stellst du dir folgende Fragen zu dieser Begegnung:

- Habe ich mich wohl gefühlt?
- Fühlte ich mich verstanden?
- Konnte ich mitteilen, was mir wichtig war?
- Konnte ich ausreden?
- Habe ich zugehört?
- Kam mein Gegenüber zu Wort?
- Habe ich verstanden, was mir der andere mitteilen wollte?
- Fühlte ich mich verstanden?
- Wurde ich gehört?
- Wie fühltest du dich nach dieser Begegnung? Gut / wohl / bedrückt / alleine?
- Freust du dich auf das nächste Treffen mit dieser Person?

Schreib auf, was dir bei dieser Begegnung sonst noch als wichtig erscheint! Mache diese Übung JEDEN Tag für ca. 3 - 6 Monate (je länger, desto mehr lernst du zu dir zu stehen). Danach werte diese Übung aus!

Ich denke du hast bereits in diesen Monaten einige „AHA“ Erlebnisse verbuchen dürfen! Manchmal geht es wirklich auch dahin, dass man sich von Menschen verabschiedet oder aber auch plötzlich den Wunsch verspürt mit einem Menschen einen näheren / tieferen Kontakt einzugehen! Vertraue, dass durch diese Übung nur Gutes geschieht und jede Veränderung dich ein Stück näher zu dir selbst bringt! Zudem wisse, du kannst es sowieso NIE ALLEN recht machen und für JEDEN in seiner VOLLSTEN Zufriedenheit handeln! Also stelle diesen Anspruch erst gar nicht an dich! ☺ Nur DU musst mit deinem Handeln zufrieden sein, DU musst in den Spiegel schauen und sagen können: „Ich liebe dich" und DU musst / darfst lernen NUR DIR selbst gerecht zu werden, indem du auf deine Bedürfnisse und Gefühle hörst!

SELBSTLIEBE darf sich dadurch einstellen.

Jetzt wird's persönlich. ☺ Wie authentisch bin ICH Simone Sinja? Ich beziehe Stellung über meine EIGENE Authentizität!

Angestoßen, mich selbst zu überprüfen und zu hinterfragen, kamen mir Fragen meiner Klienten und Nachbarn in den Sinn. Urteilst du wirklich gar nicht mehr... über niemanden?

NEIN... NEIN... NEIN! Das ist ehrlich! Ich kann nicht mehr urteilen! Wirklich nicht. Das heißt nicht, dass ich mich nicht selbst erwische bei meinem Gedanken: „So ein Idiot". Doch nur schon der niedrige Gedanke stößt mir im selben Moment auf, sobald ich ihn denke. So als ob ich von oben korrigiert werde. Doch es kommt nicht von oben (selten... und nur wenn es mir selbst nicht bewusstwird und auch nur deswegen, weil ich darum bitte, darauf aufmerksam gemacht zu werden)! Und schon wären wir bei der Eigenverantwortung, die schon bei den Gedanken beginnt!

Oder die Frage: „Lügst du nie?“ Uffff, jetzt komm ich ins Schwitzen.... Doch nach längerem Nachdenken wurde mir hier bewusst, wann und wie ich „lüge“. Unwahrheiten sprechen: NEIN! Wahrheit umformulieren? JA. Hmmmm ist das nun lügen? Ich denke ja. Doch wenn ich genauer hinschaue, aus welchen Gründen ich die Wahrheit verdrehe, kann ich dies VOR MIR UND GOTT mit gutem Gewissen stehen lassen! Denn auch die Wahrheit verdrehe ich aus Liebe, zum Beispiel für Kinder, die die Wahrheit vielleicht noch nicht richtig verstehen können. Vielleicht ist auch Wahrheit verdrehen der falsche Ausdruck, nennen wir es die Wahrheit umschreiben / umformulieren zum höchsten Wohle des Gegenübers (ohne Verantwortung für den anderen zu übernehmen)!

Was ich über das Lügen herausgefunden habe und das aus eigener Erfahrung, denn ich war ein Lügen-Profi! Nicht weil ich mir einen Vorteil davon erhoffte, sondern um zu überleben! Ich war süchtig und mein Selbstwert war gleich null. Eine dominante Mutter, die meine Ehrlichkeit gegen mich verwendet hatte! Also begann meine Lügen-Karriere bereits als Kind, der Höhepunkt dann mit 25! Dann folgten die Therapie und mein Wandel! Ein Prozess folgte bis tief in mein Erwachen! Meine Erkenntnis:

Man lügt nur aus einem Grund! Weil man nicht für SICH SELBST und seine MEINUNG, sein TUN, sein HANDELN einstehen kann... PUNKT!

Wenn man sich einredet, den anderen nicht verletzen zu wollen, hat dieses Argument höchstens als Kind Relevanz. Doch wenn du ein erwachsener Mensch bist und niemanden verletzen möchtest mit deiner Wahrheit, hat es weniger mit dem Gegenüber zu tun, sondern mit dir selbst! Doch ist es einfach die Verantwortung auf das Gegenüber zu schieben. Man rückt sich so in ein vermeintlich (!) besseres Licht, wenn man sagt, ich lüge, um den anderen nicht zu verletzen.

So..... dies nur ein Beispiel, ich schweife ab. Jetzt geh ich mal nicht auf die Fragen meines Umfeldes ein, sondern befrage mich selbst: Lebe ich wirklich so in Liebe, wie meine Beiträge / Artikel sind? Lebe ich wirklich NUR die Liebe? Fast, aber noch nicht ganz, doch wer fühlend ist und das sind wir eigentlich alle, hat die Erlaubnis in meine Texte hineinzufühlen. ☺ JA... diese sind immer in dieser tiefen Liebe und in Verbundenheit geschrieben! Wie aber ist es im Alltag? Lebe ich dort wirklich NUR die Liebe? Wo wird es schwierig? Hmmm.... Es ist bei mir so, in meinem Umfeld und Beruf und bei Fremden / Freunden / Klienten / Schülern klar doch, inzwischen immer! Aber in der Familie, jetzt wird es wirklich privat und ich möchte die Prozesse meiner Familie und deren Privatsphäre schützen, doch so viel: Meine Familie ist Familie. Diese auszugrenzen oder aus meinem Leben zu verabschieden, ist nur begrenzt möglich!

Bei Teenagern fällt es mir ehrlich gesagt auch manchmal schwer in der bedingungslosen Liebe zu bleiben. Doch auch hier übernehme ich die volle Verantwortung, dass in meinem Leben nicht alles optimal verlaufen ist und sieht man hier die Hintergründe und das UNERMÜDLICHE Arbeiten an sich selbst (und dies bereits in diesen JUNGEN Jahren), dann hoher RESPEKT! Da mir dies SEHR schnell bewusstwird, bin ich auch hier SEHR SCHNELL wieder in der Liebe, ich rede wirklich von Sekunden. ☺

So.... Thema Partnerschaft...... Jetzt wird‘s wirklich persönlich. Doch auch dies ist einfach erklärt:

SCHATTEN / SPIEGEL / INNERES KIND.......... OUUUUU MANNN, immer noch! LACH ☺.

Doch auch hier, mir wird inzwischen innert Sekunden bewusst und klar, was es mit mir zu tun hat, dass dies auch von sehr kurzer Dauer geprägt ist. Und jedes Mal, wenn mein Partner an einem neuen Thema dran ist, darf ich spüren, ob und wie viel es bei mir bei diesem Thema noch an Heilung bedarf. Im Außen begegnet es mir nicht mehr, in meinem engsten Umfeld doch noch ab und an. Doch das Tolle ist, dass ich es sehr schnell, meistens schon bei den Gedanken, erkennen kann und somit auffangen darf!

Es ist WUNDERvoll, dass wir uns alle in unseren Prozessen unterstützen und Verständnis füreinander aufbringen!

Und, jaaaaaaaaaa ich bin DANKBAR, DEMÜTIG DANKBAR, dass ich jeden Tag gut gelaunt, in Liebe aufstehen und leben darf, am Morgen bereits singe und tanze. ☺ Und ich bin DANKBAR für mein großes, umfassendes Verständnis für alles und JEDEN, dass ich WEISS, dass alles so ist, wie es ist richtig und gut ist und ich im 100%igen Vertrauen(!) leben darf, was ich als eines meiner höchsten Güter ansehe.

Schön, dass dies nochmals SOOOOO bewusst ins Gedächtnis gerufen werden durfte, dass ich ein authentisches Leben in Liebe führen darf, in dem noch Heilung, bewusst, geschehen darf!

Wir sind göttlich und unermesslich geliebt! ☺ Was mir wichtig ist, ist es dir mit auf den Weg zu geben und woran du IMMER denken sollst, wenn du ungeduldig mit dir selber bist! Frage dich NICHT: „Was kann ich als nächstes tun?“ „Welche Methode muss ich noch anwenden bis ich heil bin?“ „Wer kann mir noch helfen?“ „Wer kann mich noch weiterbringen?“. So setzt du nur unnötig wieder Dinge auf deine To-do-Liste! Vor allem FINGER WEG von Aussagen wie: Schnelle Heilmethode, ein Seminar und dein inneres Kind ist geheilt oder noch schneller, noch effektiver, noch besser.... FINGER WEG! Denn genau DAS ist auch die Marketing Masche... schneller, besser, effektiver, nützlicher, günstiger etc.!

Lass dich auch hier nicht manipulieren!

Denn springst du auf den Zug des noch Schnelleren, noch Besseren mit auf, bist du bereits wieder FREMDGESTEUERT und abhängig! Denn so funktioniert unsere Gesellschaft: Immer schneller zum VERMEINTLICHEN Ziel. Doch schon mal aufgefallen? In der Gesellschaft wirst du nie bei einem Ziel ankommen, denn die nächste noch bessere und schnellere Möglichkeit zum nächsten Ziel zu gelangen steht schon wieder vor der Türe!

WIE WILLST DU SO ANKOMMEN?

Besser du lernst gleich von Anfang an geduldig mit dir und deiner Seele zu sein! Denn was eine ganze Kindheit, meist über 20 Jahre, geprägt hat und durch Eltern und deren Einstellung / Lebensform geprägt und von der Gesellschaft manipulieret wurde, kriegst du nicht in ein paar Tagen geheilt, auch nicht in einem Jahr!

DAS ist die Wahrheit! Alles andere sind leere Versprechen, die nur Geld kosten und unschöne Erfahrungen mit sich bringen! Denke stets daran: Deine Seele heilt in DEINEM Tempo! Niemand kann deinen Prozess beschleunigen, außer DU selbst und zwar an diesem Ort und mit diesen Methoden, zu denen du hingeführt wirst, wenn du wieder gelernt hast auf DICH zu hören! DAS ist der schnellste Weg zu heilen! DEIN Tempo, DEINE Methoden, DEINE Arbeit an dir selbst, DEIN nächster Schritt! Niemand sonst kann dir den nächsten Schritt zeigen, wer du bist und was du brauchst! DEIN Herz, DEIN innerer

Führer bringt dich DIREKT und ohne Umwege zu dir zurück!

Ein GUTER Lehrer lehrt dich nicht SEINEN Weg, er führt dich auf direktem Wege zu DEINEM Weg! Gehen darfst du ihn alleine! Aber erst mal erkannt wie du „funktionierst" und du verstehst, wieso du bist wie du bist, wirst du schnell lernen, wie du dich wieder auf DICH SELBST verlassen kannst und du niemanden BRAUCHST, außer dein Bauchgefühl und DEIN Herz!

Ruhephasen, ein gefühlter „Stillstand" ist von der Seele gewollt und MUSS sein, um das Gelernte, ob mental, geistig oder energetisch bei sich verankern zu können!

Ruhephasen sind auch Krafttank-Zeiten für den nächsten Entwicklungsschub, der übrigens NIE lange auf sich warten lässt! Nimm dir die Zeit um hinzusehen, was du alles schon geschafft hast! Nimm dir die Zeit für die Sachen, die noch auf der To-do-Liste stehen! Gehe in die Stille oder sitze einfach mal rum! Ja! Herumsitzen!!! Seele baumeln lassen, einen Mittagsschlaf machen oder einfach mal NIX tun!

Dann sind wir längst nicht faul! Genieße die Ruhephasen bewusst!

Du erleidest keinen Stillstand, du hast nur gerade eine Pause und die ist notwendig und mehr als erwünscht!

****

„Langeweile entsteht, wenn man das Leben nicht genießen kann!"

© Simone Sinja

****

Wie wirst du zu dem, was du eigentlich bist, was deine WAHRE Natur ist oder zu dem, was du sein willst? (Denn was du sein willst, entspricht deiner WAHREN Natur.)

Indem du einfach BIST!

Denn so wie du JETZT bist, bist du DU! Verstehst du? Du kannst niemand anderes sein, außer du! Auch wenn du tief in dir weißt, da ist noch so viel mehr als das, was du gibst, sprichst und wonach du handelst!

Auch wenn du ehrlicher, lieber, mitfühlender, verständnisvoller sein möchtest, auch wenn du mehr ein NEIN aussprechen möchtest, dich wieder mal durchsetzen und Grenzen setzen möchtest, ein STOP setzen möchtest, auch wenn du jemandem mehr Liebe geben möchtest, mehr in den Arm nehmen möchtest oder die Meinung sagen möchtest, dies aber, aus welchen Gründen auch immer, NOCH nicht kannst, bist du dennoch die Person, die du JETZT bist!

Also akzeptiere dich so, wie das Leben und alle Leben vor diesem dich geformt haben! Auch wenn du noch nicht alles umsetzen und leben kannst, wer du WIRKLICH bist, bist du dennoch der, der du JETZT bist, in DIESEM Moment! Und so bist du richtig, denn du konntest nur zu dem werden, der du bist und dies ist gut so und gewollt!

Gewollt? Ja!

Ich weiß nicht genau, wo du in deinem Erwachen stehst und woran DU glaubst, aber ich bin sicher, dass alles seinen Grund hat, auch wenn dieser nicht immer ersichtlich ist! Wer bereits im Vertrauen lebt, wird sich mir mit dieser Meinung anschließen! Ich kann mir nicht vorstellen, dass Gott / die Quelle fehlbar ist, Gott / die Quelle ist VOLLKOMMEN, so wie du vollkommen bist in diesem Moment, denn du bist ein Abbild Gottes hier auf Erden! Auch wenn du dies (noch) nicht erkennen kannst, erahnst du doch schon seit längerem, dass du etwas Größeres bist als du angenommen hast, doch vermutlich ist auch dein Selbstwert so klein, dass du dich nicht einmal getraut hast diesen Gedanken zu Ende zu denken: Was wäre, wenn ich wirklich ein göttliches Wesen wäre und sich all meine Gedanken zu etwas formen, das ich selbst erschaffe. Was, wenn ich wirklich der Schöpfer meines Lebens bin?

Ja, was dann???

Auf der einen Seite wäre dies ja wundervoll, oder? Du kannst alles haben, was du möchtest und willst! Wurde uns nicht der freie Wille geschenkt? Ist dieser nicht unantastbar?

Na wunderbar und was erschaffst du dir?

Hier möchte ich auch gleich eine Angst beseitigen, die sich oft einstellt, wenn man auf dem Weg der Selbsterkenntnis ist und bemerkt, dass man wirklich manifestiert, was man denkt! Nun können Ängste hochkommen vor einem selbst! Was, wenn meine Gedanken, die ich noch nicht so kontrollieren kann wie ich möchte, sich manifestieren? Was, wenn meine Gedanken wahr werden, aber nicht nur meine positiven? Menschen, die sonst schon unter Ängsten leiden, haben hier eine besonders große Herausforderung zu tragen, doch ich kann dir etwas versichern!

Egal WAS du denkst, ja... du gestaltest mit deinen Gedanken zwar deine Realität und doch gibt es Grenzen! Jeder hat vielleicht schon mal Angst vor Krebs gehabt, doch krank werden nicht nur diejenigen, die Angst davor haben oder daran herumstudieren. Es erkranken auch andere, die nie daran gedacht haben! Wieso?

Weil es so geschrieben steht! In Gottesplan (den wir übrigens selbst mitgestaltet haben!)

Es gibt in unserem Leben Eckpunkte, die wir nicht kontrollieren und steuern können, unsere Lebensaufgabe, unsere karmischen Verbindungen (obwohl diese nun erlöst werden dürfen), unsere Schicksalspunkte etc.

Doch was wir steuern können, ist wie wir unser Leben leben, BIS wir an diese Schicksalspunkte gelangen!

Ob wir ein Leben in Freude, Heilung, Fülle leben, im Bewusstsein der Liebe und dem Vertrauen dies sei uns geschenkt! WIR sind verantwortlich dafür, was wir aus unserem Leben machen und wohin es uns im Seelenwachstum führt! Wir können zwar nicht bestimmen, ob wir Krebs erhalten, doch sollte dieser Punkt eintreten, kommt es in erster Linie darauf an, wie ich mit dieser Situation umgehe! Vor allem, in welchem Bewusstsein lebe ich bereits! (Übrigens unsere Kinder müssen nicht mehr mit solchen „unheilbaren" Krankheiten aufwachsen, ich erkläre auch gleich wieso.)

Denn wenn man schon im Erwachen verweilt und schon weiß, dass ALLE körperlichen Leiden eine Ursache in der Seele haben, dann ist man schon gut aufs Leben vorbereitet! Denn dann beginnt man zu verstehen, wenn es der Seele gut geht, geht es meinem Körper auch gut!

Geben wir nun genau dieses Wissen an unsere Kinder weiter, werden Krankheiten weitmöglichst umgangen oder können schon bei der Wurzel / Ursache erkannt und beseitigt werden!

Wie schon im Kapitel vorher erwähnt:

Der Körper drückt sich nur dann immer deutlicher aus, wenn wir gegen unser Seelenwohl handeln! PUNKT!

Verstehst du, welches WUNDERvolle Ereignis gerade stattfindet mit dem Erwachen der Menschheit? Bald sind Krankheiten Vergangenheit!

Jetzt die Gretchenfrage: Wieso verbreitet sich dieses Wissen denn nicht schneller?

Schalte mal dein kluges Köpfchen ein! Wer verdient am meisten Geld daran, dass wir nicht erwachen oder krank sind? Ängste, Krankheiten und Selbstzweifel sind die Nahrung, mit der wir stetig gefüttert werden!

Die obersten Drahtzieher stehen uns (noch) im Weg! Ich nenne jetzt keine GROSSFAMILIEN beim Namen, die dies alles steuern. Doch wenn du die Wahrheit erkennen möchtest, dann höre dich um. Es gibt Plattformen, welche die Wahrheit aussprechen und beim Namen nennen! Natürlich gibt es auch Plattformen, die dies als Verschwörungstheorien abtun oder sogar Plattformen, die mit genau dieser Angst Geld machen! Deswegen auch hier bei der Wahrheitsfindung: Höre stets GUT in dich, lass dir keine Ängste einreden, lass aber auch kein Schönreden mehr gelten! Du erkennst die Wahrheit, wenn die Zeit reif ist. Sei einfach nur offen für die Wahrheit und sie wird den Weg immer zu dir finden (wenn du mit neutralem Gefühl an die Sache herangehst)!

****

„Entdecke DEINE Göttlichkeit und sieh wer du WIRKLICH bist......
......ein göttliches, unbegrenztes, lichtvolles Wesen!

© *Simone Sinja*

****

Die Schatten – Der Spiegel

Unsere Seele ist ein Wunder! Sie funktioniert unglaublich und lässt sich nicht austricksen! Im Gegenteil, sie hat eine Methode unsere unbewussten Gedankenmuster / Prägungen / Erfahrungen / Verletzungen aber auch UNbewussten Wünsche / Bedürfnisse / Fähigkeiten ans Tageslicht zu befördern!

Wusstest du, dass Neid etwas GUTES ist? Lach…. Ja! Tatsächlich spiegelt uns der Neid einen Menschen oder dessen Fähigkeiten / Gaben / Talente gegenüber und zwar unsere eigenen UNGELEBTEN in uns schlummernden Fähigkeiten und Talente!

Oder wenn du an dir selbst etwas verdrängst, kann es sich in deinem Gegenüber oder sogar in Gegenständen widerspiegeln! Deine Seele projiziert deine unbewussten Gedanken / Gefühle auf dein Gegenüber, um sie dir so zu zeigen und ins Bewusstsein zu holen, damit man es annehmen und integrieren kann!

So, was machst du nun mit diesem Wissen?

Nutze es!!! Als ich begriffen habe, wie der Spiegel funktioniert, habe ich mir bis heute jede Situation gespiegelt, die sich für mich nicht stimmig anfühlte! Ich habe begonnen das, was mich stört auf mich zu beziehen und die volle Verantwortung über mein Wesen und meine Gefühle zu mir zu holen!

Hier geht es nicht darum mir „Schuld“ an allem zu geben (wie ihr ja inzwischen wisst, gibt es keine Schuld), sondern es geht darum zu schauen, was hat es mit MIR zu tun. So übernehmen wir erstens die Verantwortung für uns und zweitens heilen wir durch das Verständnis und der Bewusstwerdung unserer Person!

Wie also arbeiten wir mit dem Spiegel / Schatten?

Die eine Möglichkeit Schatten zu integrieren, überbringe ich dir in Form von einer Meditation.

Aber um deine Schatten zu integrieren, musst du diese erst mal kennen. Dies gelingt dir am besten, wenn du dir eine Liste anlegst, die du über Wochen erstellst!

Du schreibst all die Situationen auf, bei denen du nicht so reagieren konntest, wie du gerne hättest und du schreibst auf was dich an anderen stört oder was du an anderen beneidest oder toll findest!

Übrigens, wenn dich etwas an einem anderen Menschen stört, hat dies ebenfalls etwas mit dir zu tun. Frage dich ohne dich selbst zu belügen, ob du diese Anteile selbst in dir trägst oder ob deine Mutter oder dein Vater (oder sonstige Bezugspersonen) diese Attribute in sich tragen oder getragen haben!

Was auch möglich wäre, wenn genau das Gegenteil der Auslöser ist! Zum Beispiel: Du magst es überhaupt nicht, wenn jemand unpünktlich ist....

Frage dich, ob du selber unpünktlich bist oder wer aus deinem engsten Familienumfeld.... Oder ob du selbst ÜBERpünktlich bist und wer dies in deiner Familie gefordert hat oder ebenso lebt!

Oft findest du sehr schnell einen Zugang zu deinem inneren Kind, das geprägt ist von einer gewissen Weltanschauung, die es übernommen hat und es sich irgendwann selbst zu dieser Lebensform entschieden hat oder unbewusst übernommen hat!

Apropos inneres Kind: Dies gehört zur selben Zeit geheilt, wie deine Schatten! Wie du ja weißt, ist die innere Kind-Arbeit nicht von heute auf morgen erledigt, sondern benötigt ein bis drei Jahre, je nachdem wo man steht! Ebenso die Schattenintegration, wenn sie konsequent umgesetzt wird!

Noch etwas, damit es keine Missverständnisse gibt, ich sage nicht, dass es Konsequenz und Disziplin braucht! Da auch der Heilungsprozess, so wie alles andere, sich im Fluss bewegen sollte und auch mit Freude und Hingabe ausgeführt werden soll!

Ich führe hier lediglich all die Punkte auf, die unsere Seele benötigt, um in den vollkommenen inneren Einklang und Frieden zu gelangen!

Doch welche Reihenfolge oder wie oft oder mit welchen Abständen oder welchen Methoden dies ausgeführt wird oder überhaupt bewusst angegangen wird, spielt keine Rolle! Der WICHTIGSTE Punkt ist IMMER: Lebe in Freude und lass dich führen!

Dein Herz kennt deinen nächsten Schritt und führt dich genau an den richtigen Ort zur richtigen Zeit! Dafür ist es aber wichtig, dass deine Absicht fokussiert ist!

Was ist dies schon wieder? Lach, das erkläre ich dir in einem anderen Kapitel. Nun möchte ich dir eine Möglichkeit an die Hand geben, dein inneres Kind mit Unterstützung einer Meditation zu heilen! Ich werde dich auf Seelenebene zu deinem inneren Säugling führen.

Vorab eine kleine Information:

Bei der inneren Kind-Heilung spricht man von vier inneren Kindern, vom Säugling, vom Kleinkind, vom Vorschulkind und vom Schulkind. Es empfiehlt sich der Reihe nach die Kinder zu heilen. Dies ist aber auch hier kein Muss und auch hier lege ich dir ans Herz, höre auf dein Gefühl und deine Intuition!

Es ist möglich, dass man für jedes Kind bis zu 25-mal die Meditation wiederholen darf.

Wie wird das vonstattengehen?

Ich werde dich zuerst zu deinem Elternhaus führen, wo du geboren wurdest oder kurz danach. Du gehst dann in den Keller dein inneres Kind besuchen.

Dort unten wirst du mit ihm Kontakt aufnehmen, mit ihm sprechen und schauen wie es auf dich reagiert und wie du auf es zugehen kannst. Auf der ganzen Reise werden euch Energien der höchsten Quelle begleiten.

Diese Meditation ist hoch energetisch und prozessauslösend, dadurch sehr heilsam! Dies gilt sowie für die CD als auch für die Meditation, die du selber vollziehst! Solltest du in den nächsten Tagen eine Traurigkeit spüren, ist das normal und gehört zu deinem inneren Kind, das nun geheilt wird.

Ich werde dich zuerst auf die Regenbogenbrücke führen, sie wird anders aussehen, wie du vielleicht die Farben kennst, denn ich arbeite mit den Chakra-Farben der neuen Zeit.

Nun bitte ich dich, es dir bequem zu machen, zu entspannen und dich auf die Meditation einzustimmen!

Meditation zur inneren Kind-Heilung

Du findest dich wieder vor einer Regenbogenbrücke.

Die erste Farbe, die du durchschreitest ist Blau.

Du spürst, wie du dich mit jedem Atemzug mehr entspannst!

Dein Körper dehnt sich aus und wird immer leichter.

Mit einem großen Schritt kommst du in die Farbe Gelb.

Du läufst langsam durch die Farbe weiter, jeder Schritt von dieser Farbe lässt dich Wärme spüren, die dich noch tiefer in die Entspannung führt. Die Wärme strömt von deinem Kopfende, deinem Scheitelchakra durch all deine sieben Hauptchakren und weiter bis sich die Wärme in deinem ganzen Körper ausgebreitet hat.

Der Übergang ins Rot ist fließend und während du das Rot durchschreitest, fallen die Alltagsbelastungen von dir ab. Du spürst, dass du leichter wirst und sich alle zwischenmenschlichen Sorgen im roten Licht auflösen dürfen.

Die nächste Farbe ist rosarot, die pure Liebe erfasst dich.

Während deinem Vorwärtsschreiten in der Farbe Rosarot, spürst du, wie du getragen wirst von der unendlichen Liebe Gottes. Alle Sorgen scheinen zu verfliegen und du kommst in ein tiefes Vertrauen.

Gedanken ziehen vorbei und werden zur Nebensache. Du lässt alle Gedanken mit dem rosa Wind davontragen und spürst eine tiefe Entspannung.

Vor deinem geistigen Auge breitet sich langsam die Farbe Violett aus. Die Farbe Violett verbindet dich tief mit allem, was ist.
Dein Bewusstsein dehnt sich aus bis in die weiten Höhen des Universums. Alles auf der Erde scheint unwirklich und unwichtig geworden zu sein, dennoch bist du fest verwurzelt und hast einen klaren Geist.
Der Wechsel zum Türkis lässt dich wundervolle Bilder empfangen, die an dir vorbeiziehen. Jedes dieser Bilder führt dich tiefer in deinen Seelenkern, in dein innerstes Sein zu deiner göttlichen Flamme!

Fast unbemerkt vollzieht sich der Wechsel zum weißen Licht, das sich anfühlt wie die pure Freiheit. Hier ist alles möglich, hier bist du beschützt, hier ist nur Platz für das Licht und die Liebe.

Nun bist du am Ende der Regenbogenbrücke angelangt und stehst vor einem langen Weg.

Du schreitest voran und findest dich wieder vor dem Haus, wo du kurz nach deiner Geburt gewohnt hast. Du stehst davor, vor geschlossener Tür und aus deinem Herz heraus leuchtet ein goldener Herzensstrahl durch die Tür bis hin zu deinem inneren Kind!

Du spürst, wie ihr durch diesen Strahl verbunden seid! Ihr freut euch, euch bald zu sehen, endlich nach langer Zeit.

Du fühlst dich wohl, ohne zu wissen was dich erwartet.

Nun öffnest du die Türe und gehst gleich die erste Treppe hinunter in den Keller dieses Hauses. Im Keller angekommen hat es noch eine Türe, eine Falltüre, die nur du kennst.

Du öffnest diese und siehst eine steile Treppe, die hinunterführt.

Es ist dunkel, doch der Herzensstrahl von dir leuchtet dir den Weg.

Du fühlst dich wohl und steigst 21 Treppenstufen hinunter.

Nimm die Schritte bewusst wahr und atme mit jedem Schritt tief ein oder aus...........

Unten angekommen siehst du einen langen Gang. Dein Herzensstrahl führt diesen Gang entlang. Du folgst diesem Licht.

Am Ende des Ganges erblickst du vier Türen. Dein Herzensstrahl leuchtet dir den Weg zu einer Türe, hinter der das innere Kind auf dich wartet, das zurzeit am meisten Heilung bedarf!

Vor dieser Türe bleibst du stehen.

Es hat ein Fenster, schau zuerst einmal hinein. Kannst du das Kind schon entdecken? Wo ist es, wie sieht es aus? Fröhlich oder bekümmert? Nimmt es dich bereits wahr?

Spüre hinein. Du fühlst, wenn der richtige Zeitpunkt gekommen ist, um die Tür zu öffnen und einzutreten.

Schließ hinter dir die Türe wieder zu. Beginne mit Blickkontakt zum Säugling.

Wie geht es ihm? Wie sieht er aus? Weint er? Lacht er? Ist er eher vorsichtig oder zutraulich?

Wie fühlst DU dich dabei? Versuche Kontakt aufzunehmen und lass dich von deinem Herzen führen.

Die folgenden Affirmationen sind für den Säugling bestimmt. Diese kannst du, sofern du bei deinem Säugling bist, wiederholen solange du im Kontakt mit ihm bist! Ist dein Kind in der Meditation älter als 8 Monate, verzichte auf diese Affirmationen!

(Für ältere innere Kinder sind andere Affirmationen wertvoll. Weitere Infos können über mich per E-Mail angefordert werden.)

- Ich liebe dich.
- Ich mag dich so, wie du bist.
- Ich freue mich, dass du hier bist und dass wir uns sehen.
- Es ist so schön, dass du auf dieser Welt bist.

Nun bleib in der Stille, es fließt aus hoher Ebene das Licht zu euch! Heilsames Licht der Quelle berührt und heilt euch! Zu eurem höchsten Wohl darf und soll Heilung geschehen.

Die Energien fließen nun zu euch.

Die Situation kann sich in den nächsten Minuten zum Positiven verändern oder sie bleibt, wie sie ist. Alles ist richtig, so wie es geschieht.

Auf Seelenebene kommt ihr euch ein Stück näher, ob dies sich nun bemerkbar macht oder auch nicht. In der Seele seid ihr tief vereint.

Die Energien fließen in euer Herz, in eure Seele, damit der Weg frei ist, um die Verschmelzung stattfinden zu lassen.

Es muss nicht heute sein, doch der Weg soll offen sein. Höchste Energien fließen…………

Om……. Elixier………

Höchste Heilenergien der Quelle fließen zu euch, tiefe Verbundenheit und ewige Liebe…. werdet geheilt und seid gesegnet.

Tiefe Verbindung der Liebe.

Es ist nun Zeit um hineinzuspüren, ob dein inneres Kind nun mit dir nach oben möchte. Frag es, ob es mit dir hochkommen möchte. Fühle auch in dich, ob du bereit dazu bist, es mit hochzunehmen.

Auch wenn es noch nicht der Zeitpunkt ist, um gemeinsam diesen Ort zu verlassen, so sei gewiss, dass tiefe Heilung stattfinden durfte!

Alles ist richtig, so wie es jetzt gerade ist!

Dann versprich dem Kind, dass du wiederkommst!

Es hat sich sehr gefreut, dich zu sehen. Es ist viel Heilung geschehen. Ob es noch Zeit braucht oder nicht, es ist gut, so wie es ist.

Nun schreitest du wieder zu der Türe, entweder mit dem Kind oder in tiefer Verbundenheit über den Herzensstrahl.

Du gehst hinaus und schließt die Türe wieder hinter dir.

Du drehst dich nicht mehr um, es ist alles gut, so wie es jetzt ist, genau so soll es sein.

Du schreitest wieder zurück, bis du unter der Treppe ankommst.

Der Herzensstrahl ist tief verbunden mit deinem inneren Kind.

Vielleicht hast du das Bedürfnis diese Treppen schnell hochzulaufen, dann hör auf dein Gefühl und geh hoch, ansonsten nimm bewusst die 21 Stufen wieder hoch.

Oben im Keller angekommen schließt du die Falltüre, gehst weiter hoch ins Haus, läufst zum Ausgang und verlässt das Haus! Du machst dich auf den Weg zu einem Ort, an dem du dich wohl und geborgen fühlst. Hast du dein Kind dabei, wird es mit deinem Herzen in eine tiefe Verschmelzung gehen.

Solltest du es noch nicht dabeihaben, wird der Herzensstrahl die Verbindungen intensivieren und du wirst dein inneres Kind von nun an in dir wahrnehmen und spüren können, wann immer es sich bemerkbar macht!

Du gehst weiter auf dem Weg und siehst vor dir wieder die Regenbogenbrücke.

Du schreitest durch das weiße Licht hindurch, dem das Türkis folgt!

Immer mehr kommst du zurück mit einem klaren Geist.

Du fühlst die Farbe Violett. Sie fühlt sich gut an!

Du läufst hindurch bis das Rosarot kommt.

Das Rosarot, fließend ins Gelb.... und nun ins Blau.

Du spürst langsam deinen Körper wieder.

Du fühlst wie du im Hier und Jetzt ankommst!

Zur Unterstützung kannst du deinen Namen nennen und dein Geburtsdatum.

Du öffnest langsam deine Augen und fühlst deine Füße, deine Beine, deinen Oberkörper und deinen Kopf.

Wenn es notwendig ist, erde dich gut. Dafür kannst du dich auf den Boden stellen und dir vorstellen, wie aus deinen Füßen tiefe Wurzeln in die Erde hinabsinken. Bis zum Mittelpunkt der Erde reichen die Wurzeln, die du dort tief verankern darfst!

Du kannst Erzengel Uriel oder Lady Gaia, unsere Mutter Erde, um Hilfe bitten dich zu erden. Auch Sonnengott RA unterstützt dich gerne dabei deinen Lichtkörper zu erden!

Ich bedanke mich und fühle mich geehrt, dass ich dich auf der Reise zu deinem inneren Kind begleiten durfte!

Es ist eine große Ehre für mich als Medium der neuen Zeit zu wirken und zu heilen.

Die Integration des Schattens

So, wie bereits erwähnt, schreibe alles auf, was dich am jeweiligen Tag gestört hat. Alles, was dich an anderen Menschen aufregt, was du ablehnst, was du als „schlecht" beurteilst, schreibst du in dieses Buch.

Zusätzlich sind auch solche Situationen von Bedeutung, in denen du ein positives, liebevolles Verhalten nicht ausgeführt hast, obwohl du in dir den Drang dazu verspürt hattest. Auch diese notierst du.

Ebenso notierst du alle Neigungen und Fähigkeiten in dir, die du noch nicht gelebt hast. Auch Neid zeigt wie schon erwähnt, ungelebte Fähigkeiten, sie sind Teil des Schattens!

Du notierst also:

1. Situationen und Dinge, die du ablehnst.
2. Situationen, in denen du liebevoll und behilflich sein wolltest, es aber nicht konntest.
3. All deine Neigungen und Fähigkeiten, die du bisher nicht gelebt hast/leben konntest.

Notiere dir diese Punkte täglich.

Nach einigen Monaten hast du einen fast vollständigen Überblick über deine Schatten.

Wenn du nun nachliest, weißt du, was du in der Welt ablehnst, somit auch in dir!

Du weißt nun um deine positiven, verdrängten Eigenschaften sowie um deine unterentwickelten Fähigkeiten.

Du weißt, dass dies alles Eigenschaften sind, die du in dir trägst – nur eben im Schatten. Von dort aus projizierst du sie auf andere Menschen. Und all diese Projektionen gilt es zurückzunehmen und zu integrieren. Dies heißt nicht, dass du das, was du bisher für dich abgelehnt hast, nun ausleben musst.
Es bedeutet vielmehr zu erkennen, dass alles Teil des eigenen Selbst ist.
Aus dieser Erkenntnis heraus wirst du damit leben können, dass es eben vieles gibt, was du für dich im Augenblick nicht leben magst, was du jedoch bei anderen akzeptierst.
Dann wird es immer weniger in der Welt geben, was dich aufregen könnte. Du ruhst in deiner Mitte.

Dein konkretes Verhalten bei der Schattenintegration sieht folgendermaßen aus:

Zuerst arbeitest du mit Kategorie I. Nimm die erste Situation und Eigenschaft, die du dir notiert hast und bearbeite sie mit der nachfolgenden Meditation.
Nach einigen Tagen fährst du mit Kategorie II. fort. Auch hier arbeitest du mit der ersten Situation, die du dir notiert hast. Wiederum nach einiger Zeit beschäftigst du dich mit der Kategorie III. Danach beginnst du wieder mit Kategorie I. zu arbeiten. Konkret mit der zweiten Situation oder Eigenschaft, die du dir notiert hast. Und so verfährst du mit allen weiteren Situationen.

Du wirst es in dir spüren, wann nach einer Übung zur Schattenintegration der richtige Zeitpunkt gekommen ist, mit der nächsten fortzufahren.

Meditation zur Schattenintegration:

Nimm eine Situation aus der jeweiligen Kategorie und formuliere laut dein Ziel, die damit verbundene Eigenschaft aus deinem Schatten zu heben und in das Bewusstsein zu integrieren.

Nun beginne mit der Meditation mit der Regenbogenbrücke, so wie sie bei der inneren Kind-Heilungsmeditation vorkommt!

Nach dem Ende des Regenbogens stehst du auf einer großen, grünen Wiese.

Diese Wiese repräsentiert dein Bewusstsein. Du läufst ein wenig auf der Wiese umher und kannst dabei Pflanzen, Bäume, Blumen, Insekten, Schmetterlinge vielleicht auch einige Fabelwesen oder Tiere sehen.
Es scheint die Sonne und der Himmel ist strahlend blau. Aus deinem Herzchakra strahlt ein Lichtkanal. Es ist die Lichtbrücke, die zu der Eigenschaft führt, zu der du Kontakt aufgenommen hast und die du integrieren möchtest. Dieser Lichtbrücke folgst du nun.
Nachdem du einige Zeit in eine Richtung gelaufen bist, siehst du eine Mauer. Diese Mauer umschließt deine ganze Wiese.

An manchen Stellen der Mauer sind große Türen und Tore. Jede Tür und jedes Tor hat eine Art Fenster, durch das man auch schauen kann. Du weißt, dass auf

der anderen Seite der Mauer dein Schatten mit all seinen Inhalten ist.
Auch dein Lichtkanal führt zu einem solchen Tor und strahlt durch das Fenster des Tores hindurch.

Nun gehst du auf jenes Tor zu und schaust durch das Fenster des Tores, um den Lichtkanal zu verfolgen.
Du siehst auf der anderen Seite der Mauer nur sehr wenig. Es ist dunkel. Nur der schwache Schimmer des Lichtkanals ermöglicht dir einen Weg zu erkennen.

Nun öffnest du das Tor und schreitest hindurch. Du folgst dem Lichtkanal aus deinem Herzchakra. Er führt ins Dunkle. Dein Ziel ist es, jene Eigenschaft in deinem Schatten zu finden, welche du integrieren möchtest.
Du gehst den Weg entlang, der entweder gerade oder verwinkelt verläuft – bis du dein Ziel erreichst.
Du siehst nun diese Eigenschaft in dir, die du bislang in deinem Schatten verdrängt hast.
Wie diese Eigenschaft aussieht ist von dir abhängig. Sie kann dir als Symbol erscheinen, als Mensch, als Tier oder Sonstiges. Auf jeden Fall bist du mit ihr durch den Lichtkanal verbunden.

Du fühlst dich wohl und geborgen. Du weißt, dass du nun diese Eigenschaft in dein Bewusstsein integrieren wirst. Dadurch wirst du freier, vollkommener und glücklicher.

Die symbolische Eigenschaft hat schon auf dich gewartet. Nun hüllst du für ca. 5 Minuten das symbolisierte Thema in weißes Licht. Du siehst, wie die symbolisierte Eigenschaft immer heller und strahlender wird.

Bitte nun dein höheres Selbst, dass du diese Eigenschaft als Teil deiner selbst akzeptieren und integrieren kannst.
Wenn diese Eigenschaft so hell und strahlend ist, dass sie vom Licht, das von der Sonne über deine Wiese hinausgeht, angezogen wird, kannst du beobachten wie sich das Symbol auf die Wiese zubewegt!

So, als würde es von einer unsichtbaren Kraft angezogen. Es durchschreitet das Tor und wird von den Strahlen der Sonne aufgesogen.
Auch du gehst nun den Weg zurück, bis du das Tor erreichst. Du schreitest hindurch und verschließt das Tor wieder!

Nun stehst du wieder auf deiner Wiese und genießt den Duft der Blumen, das Summen der Bienen und die warmen Sonnenstrahlen.
Es überkommt dich das Gefühl von Weite, von größerer Freiheit. Du kannst auch feststellen, dass deine Wiese nun ein Stückchen größer ist als noch zu Beginn deiner Reise.
Zufrieden genießt du noch einige Augenblicke die Atmosphäre.
Dann schreitest du wieder über die Regenbogenbrücke und kommst wieder in das Tagesbewusstsein zurück!

Grundsätzlich ist nach diesem Muster mit allen Schatteninhalten zu arbeiten. Bei manchen kann es sein, dass du die Meditation für einen bestimmten Schatteninhalt oft wiederholen musst, bis er vollständig integriert ist. Dies erkennst du daran, dass du die Eigenschaft, die du eigentlich in dein Bewusstsein integrieren wolltest, immer noch ein wenig im Außen bei anderen Menschen ablehnst oder dass du andere Menschen noch immer übermäßig um diese Fähigkeit beneidest. Oder du erkennst es daran, dass du in einer entsprechenden Situation immer noch nicht das liebevolle oder positive Verhalten leben konntest, so wie du wolltest.

Der Effekt dieser Meditation führt dazu, dass du lernst, den Schatten im Außen zu erkennen und zu integrieren!

Vergebung / Verzeihen

Dürfen wir überhaupt verzeihen? Liegt dies nicht im Ermessen der Quelle? Ja auch, aber da wir ein Teil der Quelle sind, ist auch für uns verzeihen möglich und vor allem hier auf Erden SEHR heilsam für uns und unseren Prozess! Viele Menschen brauchen das Vergeben, um wirklich in ihrer Seele heilen zu können!

Dennoch darf ich erwähnen, dass Vergeben / Verzeihen keine Notwendigkeit im Prozess darstellt, da man, wenn man den Weg der Selbstfindung und der Heilung geht, automatisch in die Vergebung kommt, da man plötzlich versteht!

Ich persönlich finde das Verstehen die Voraussetzung für das Verzeihen!

Übrigens nicht unbedingt den Menschen verstehen, obwohl dies auch schon unterstützend wirkt (manchmal auch schon reicht) sondern, dass wir unser Leben und dessen Ablauf verstehen! Den Kreislauf der Natur, das universelle Wissen wie die Menschheit und die geistige Welt (wo auch du ein Teil davon bist) entsteht / entstanden ist und „funktioniert“! Somit beginnst du DICH zu dem Menschen / Wesen zu entwickeln, das du WIRKLICH bist und du erkennst dich, bestenfalls wirst du dich erinnern können! Woran? Eventuell an ein früheres Leben oder sogar an deine Reise hier zu deinem Erdenankunftstag (Geburtstag) oder noch an so einiges, was es zu entdecken gibt, wenn du dich auf DEINEN Weg begibst, von dem du bewusst abgehalten wirst!

Ohne auf den Zug der Verschwörungstheorien aufzuspringen, möchte ich euch hiermit und natürlich mit diesem Buch, einen Anstoß geben euch SELBST zu hinterfragen, euch und die Welt, vor allem die Gesellschaft, die Medien und die Großkonzerne!

Glaubt nicht nur, macht euch auf den Weg die Wahrheit für euch selbst zu entdecken!

Du bist sooo viel mehr, als dir immer gesagt wurde! Auch solltest du ein Sünder sein (so wie es in der Bibel steht), du bist dennoch / trotzdem ein göttliches und spirituelles Wesen, das sich einfach nur verloren hat! Schuld gibt es nicht! Auch wenn dir die Bibel das einredet und dich schuldig spricht!

Vor Gott / der Quelle sind wir alle gleich! Du bist stets geliebt! Unermesslich geliebt für das, was du bist. Und du hast hier auf Erden einen Auftrag zu erfüllen! Dieser ist nicht immer rosig!

Wenn du beginnst dies in allen und allem zu erkennen, kommst du ins Verstehen und das Vergeben fällt dir einfach und ist selbstverständlich!

Doch noch nicht alle Menschen stehen bereits an diesem Punkt, um meine Worte glauben, verstehen und erfahren zu können (oder bereits als Wahrheit zu erkennen). Somit ist das bewusste Vergeben eine Möglichkeit, sich selbst einen Schritt näherzukommen und den Weg der Heilung einen GROSSEN Schritt vorwärtszugehen!

Sollte für dich die Vergebung wichtig sein, das wäre so, wenn du jemandem bewusst oder unbewusst etwas nachträgst, was in der Vergangenheit geschehen (oder eben nicht geschehen) ist!

Hier nenne ich dir die 7 Schritte in die WAHRE Vergebung (als Übung auszuführen).

Wenn du alle vollziehen kannst, wirst du einen schweren Rucksack in deinem Leben ablegen dürfen! Der tragende Punkt ist im Endeffekt SICH SELBST zu vergeben, dafür darf man auch anderen vergeben!

Wahre Vergebung in 7 Schritten

Dazu möchte ich eines erwähnen. Sollte sich deine Vergebung um Missbrauch oder Misshandlung drehen, gibt es noch andere Punkte, die beachtet werden sollten!

(Da wende dich an mich oder einen Therapeuten / Arzt deines Vertrauens, der dich hier unterstützen kann!)

Sei dir bewusst, dass du eigentlich nicht wirklich die „Macht" hast jemandem zu verzeihen, da jeder nur SICH SELBST verzeihen kann!

DIE 7 SCHRITTE

1. **Erkenne deine Gefühle**

...wenn du jemandem (oder dir selbst) Vorwürfe machst!

2. **Übernimm Verantwortung!**

Erkenne, dass du Angst hast genau diese Vorwürfe (die du selbst äußerst oder denkst) aus dem Munde von anderen zu hören!

3. **Lass los!**

Um einen anderen loszulassen und sogar akzeptieren (oder verstehen) zu können, versetze dich in seine Lage und versuche seine Absicht nachzuvollziehen! Denke daran, der andere ist meist ein Spiegel dessen, was du selbst bist / ausdrückst!

4. **Vergebe DIR SELBST!**

Dieses ist sicher der wichtigste und meist der schwierigere Teil! Denk daran, du hast dein Bestes gegeben und bist / warst von Ängsten gesteuert! Gestehe dir ein, dass du Ängste und Schwächen hast! Du darfst Fehler machen! Es ist sogar wichtig und notwendig!

Doch dann stehe dazu! Nur so können wir wachsen! Akzeptiere dich JETZT, so wie du JETZT bist! Sei dir bewusst, auch du veränderst dich stetig und dein Verhalten muss nicht dauerhaft sein! Einsicht bewirkt Veränderung! Auch und vor allem in deiner Entwicklung!

5. **Das Verzeihen zum Ausdruck bringen, in deiner Vorstellung!**

Dies bereitet dich auf den nächsten Schritt vor! Stell dir vor wie du jemanden um Verzeihung bittest, ihn angegangen, verurteilt oder kritisiert zu haben! Du bist dann dazu bereit, wenn dir die Vorstellung, dass du dies mit dem Gegenüber teilst, Freude und Erleichterung bringt!

6. **Sprich mit der betroffenen Person darüber!**

Erzähle von DEINEM Erleben und deinem Empfinden und bitte für dein Verhalten um Verzeihung.

WICHTIG: Nur, wenn du darauf angesprochen wirst, erzählst du, dass du auch ihr vergeben hast!!!

7. **Schlage die Brücke! (Zum Ursprung)**

Versuche nun dieses Ereignis mit einem Ereignis aus deiner Kindheit zu verbinden! Woher kennst du dieses Gefühl? Welches ähnliche (gleiche?) Ereignis in deiner Vergangenheit mit einer Bezugs-Autoritätsperson (Mutter / Vater / Großeltern / Erzieher / Lehrer) von dir kommt dir in den Sinn?
PS: Richtet sich die gefühlte Emotion (1. Schritt) gegen dich selbst, sind die Schritte 1, 2, 4 und 7 relevant! Auch noch wichtig:

Die Schritte in die Vergebung können Wochen, wenn nicht sogar Jahre dauern! Lass dir die nötige Zeit, die du / deine Seele dafür benötigt! Erzwinge nichts und sei geduldig mit dir selbst!
Noch etwas: Verzeihen heißt NICHT gutheißen! Und vergiss nicht, das Verzeihen / Vergeben dient in erster Linie DEINEM Seelenwohl und deiner Befreiung, indem du im Endeffekt DIR selbst vergibst!

Vielen Menschen ist nicht einmal bewusst, dass sie dich (oder jemand anderen) verletzt haben! Ein Gespräch darüber, wie man sich gefühlt hat, kann Wunder bewirken und Freundschaften retten. ☺

****

„Lerne im Leben das, was du danach nie mehr vergessen willst!“

© Simone Sinja

****

JETZT oder WANN?

Langsam ist es Zeit sich Gedanken zu machen, was für DICH die Wahrheit ist! Wenn du sie bereits kennst, steh dafür ein, steh zu dir und lebe endlich DEIN Leben!

Wenn du DEINEN Weg noch nicht kennst oder nicht weißt, wie du diesen gehen oder leben kannst, darfst du dich bei mir melden! Nichts liegt mir mehr am Herzen, als dass ein jeder SEINEN Weg erfolgreich gehen kann!

Beginne JETZT!

WENN NICHT JETZT, WANN DANN?

Angst vor Veränderung?

Veränderung ist etwas Tolles. Veränderung heißt loslassen und Platz schaffen.

Veränderung heißt annehmen was kommt und dankbar sein für Neues.

Veränderung heißt Wachstum, Glück und Fülle!

Veränderung ist unumgänglich!

Deswegen schließe Frieden mit Unerwartetem... lasse los das Alte.... begrüße das Neue!
Heute ist JETZT......

......WENN NICHT JETZT, WANN DANN?

Stell dir die Frage: Lebst du schon DEIN Leben in Freude, Gesundheit und Fülle?

Wenn nicht JETZT, WANN DANN?

Lebst du schon deine Liebe?

Wenn nicht JETZT, WANN DANN?

Lebst du schon deine BERUFUNG?

Wenn nicht JETZT, WANN DANN?

Es bedarf nicht viel seinen Weg endlich zu gehen.... Der Absprung und die Angst davor ist die größte Herausforderung.

Ist diese endlich gemeistert, beginnt DEIN Leben!

WENN NICHT JETZT, WANN DANN?

Denk darüber nach, bevor du noch mehr von deiner WERTVOLLEN Zukunft / Zeit auf Erden verstreichen lässt. ☺

****

***„JETZT ist der bewusste Zeitpunkt,
der die Fülle in sich trägt!"***

© Simone Sinja

****

Finde DEINEN Weg

Es ist gar nicht so undurchsichtig und verwirrend, wie es scheint!

Der Weg zu DIR ist einfach und unkompliziert!

Wieso scheint es schwierig? Viele gut gemeinte Tipps und Seminare, Buch- und Methoden-Vorschläge verwirren nur zusätzlich! Denn inzwischen gibt es SOOO VIELE Wege, um sich zu finden oder sich näherzukommen! Dabei ist es ganz einfach:

HÖRE AUF GAR NICHTS!
... AUSSER AUF DICH SELBST!

Ja aber.... was, wenn ich nicht weiß, was ich will oder nicht weiß, was mir guttut?

DANN lerne zuerst wieder auf dich und deine Bedürfnisse zu hören!
Lerne wieder auf deine innere Stimme zu hören... Dein Herz ist dein Kompass und nur DEIN Herz kann dich näher ZU DIR SELBST führen!
Denn wie soll ein anderer wissen, welches Buch von den Millionen Büchern genau das richtige für dich ist, in DIESEM Moment, für deinen nächsten Schritt?

Es ist soooo einfach:

Frage nicht nach einem Buch-Tipp, sondern gehe in einen Buch-Laden!

Denn durch das Gesetz der Anziehung und Resonanz, wirst du genau im richtigen Moment im richtigen Buchladen sein und das richtige Buch in den Händen halten! In DIESEM MOMENT!

SO EINFACH!

Handhabe dies mit allem so! Möchtest du in ein Seminar?

Frag nicht danach! Sei dir einfach bewusst und klar, dass du eines besuchen möchtest, das dir guttut und dich weiterbringt, sende genau das aus!
Dann geh achtsam (aber ohne zu suchen) durch die Welt! Du wirst genau zum richtigen Seminar geführt! Erkenne die Zeichen, ob dies in Form eines Inserates, einer Anzeige in der Zeitung, eines WORTES in einem Buch oder eines Beitrages, Telefongespräches oder in Form eines Bildes ist!
DU WIRST DAS ZEICHEN UND DEN HINWEIS VERSTEHEN!

Denn: Du sendest aus und du erhältst es!

SO EINFACH!

Fokussiere in Gedanken, was du möchtest, lass ihn wieder los, sei erwartend und achtsam, aber nicht suchend durchs Leben gehen!

SO EINFACH!

Im nächsten Kapitel findest du eine Übung zum Manifestieren.

Frag nicht mehr nach dem Weg...... Du bist bereits auf dem Weg und alle Antworten stehen schon bereit für dich!

DANKE FÜR DAS, WAS DU BIST!

****

„Du bist, was du immer sein wolltest!“

© Simone Sinja

****

Übung Manifestation

Also die einfachste und wirkungsvollste Methode zu manifestieren ist, wenn du bereits das Vertrauen und die Freude lebst. Das heißt, du sendest in Freude aus, lässt es wieder los und vertraust zu 100% darauf, dass es kommt! Ist es ein Herzenswunsch (ohne Ego), so ist es stets ein Wunsch, der durch unseren Seelenplan (Lebensplan) unterstützt wird! Und schon wird es so sein!

Dies kannst du immer in dein Leben, in deinen Gedankenalltag integrieren! So werden sich all deine Wünsche manifestieren!

Wer aber noch nicht ganz im bedingungslosen Vertrauen angekommen ist, der hat hier eine Übung, die er vollziehen kann und kann diese eventuell mit einem Ritual verstärken! (Kein MUSS)

Übung:

Nimm dir zuerst Zeit, um dir deinen Wunsch zu überlegen und GENAU zu definieren! Oft nämlich sind unsere Wünsche ungenau definiert (ausgerichtet) oder ändern sich immer wieder in Gedanken. So fällt das Manifestieren ungenau aus oder findet gar nicht erst statt! Ein Beispiel:

Zu Beginn meiner Selbstständigkeit hatte ich viel mehr Klienten / Schüler über die Ferne und meine Praxis blieb leer… So wünschte ich mir 2 Praxis-Klienten in der Woche. Keine 2 Tage später meldeten sich 2 Personen in der Praxis an, doch im selben Moment verabschiedeten sich PLÖTZLICH 2 Klienten, die ich über die Ferne behandelte… So war es natürlich nicht gedacht!

Das heißt also: GENAU zu definieren und zu fokussieren, was man möchte: Mein Wunsch hieß nachher so: Ich wünsche mir mindestens 2 ZUSÄTZLICHE Klienten in der Praxis…… Dann war die Praxis auch wirklich mit 2 Neukunden gefüllt. ☺

7 Schritte zur Manifestation deiner Herzenswünsche

1. GUT überlegen und im Detail deinen Wunsch benennen und eventuell aufschreiben!
2. In einem Ritual (kein MUSS) deinen Wunsch in Gedanken aussenden!
3. Stelle dir dabei bildlich vor, wie dein Wunsch bereits erfüllt ist!
4. Nun (WICHTIG) lasse ein Gefühl der Freude in dir aufkommen!
5. Sende diese 4 Punkte zusammen mit einem farbenfrohen Vogel (oder einem geistigen Wesen oder Engel etc.) hoch in den Himmel und schau deinem Wunsch lange nach (auch in Gedanken möglich). Schau so lange nach bis er im Universum an die geistige Welt übergeben wird……….
6. Dann lass los und vertraue darauf, dass dieser Wunsch sich, sobald wie möglich manifestiert!
7. Denke immer mal wieder an diesen Wunsch, um ihn zu bestätigen, wann immer du möchtest, doch achte darauf, dass du den Wunsch auch immer wieder loslassen (vergessen) kannst. ☺

****

„Ein Wunsch von Herzen und in bedingungsloser Liebe erweckt…
…ist die Manifestationskraft der Seele.“

© Simone Sinja

****

An alle Lichtarbeiter und solche, die auf dem Weg sind

Globales MITEINANDER ♥

LICHTARBEITER - WACHT AUF

Spielt euch nicht als etwas Besonderes auf, denn WIR ALLE sind etwas Besonderes!

Schult die Menschen, dass sie selbst alles in sich tragen, dass sie NIEMANDEN brauchen! Löst euch von euren eigenen Ängsten, Existenzängsten und macht auch ihr euch auf den Weg in die Gemeinsamkeit. Wie sonst können wir zu dem EINEN werden?

Lehrt folgendes:

Ein JEDER kann channeln.... ein JEDER kann heilen.... ein JEDER ist hellsichtig.... ein JEDER ist hellfühlend!

Und es ist EINFACH dieses Wissen, das als Kind normal für uns war, wieder zu erlangen. ☺

Dies bloß nochmals zu deiner Erinnerung:

WIR sind nicht klein.... NIEMAND! WIR ALLE SIND GÖTTLICH ♥

JEDER hat genau das in sich, was andere bereits leben dürfen!

Es ist NORMAL und JEDER ist ebenso ein Lichtbringer, wie jeder andere Lichtarbeiter / Lehrer!!!

WIR ALLE SIND GÖTTLICHE WESEN MIT ALLEM WISSEN IN UNS!

Wir stehen nur an unterschiedlichen Punkten im Leben und haben alle unterschiedliche, manchmal ähnliche, Erfahrungen machen dürfen!

Doch im Endeffekt braucht es JEDEN von uns, denn jeder ist EIN PUZZLETEIL, das für das große Ganze wichtig und tragend ist! Versteht auch ihr endlich und erkennt: DAS Gegenüber ist niemand anderes als ein Teil von dir selbst!

Hast du dies erkannt, dann hast du alles erkannt, was notwendig ist, um mit dir und deinem Umfeld in Liebe und Frieden zu leben und ein wahrer Leuchtturm und Lehrer zu SEIN!

Lichtarbeiter/Lehrer – Wacht auf

Warum auf Fernlehrgängen den Schüler lehren, dass es der Energie schadet, wenn man das Gelehrte weitergibt?

Angst weniger Kunden zu gewinnen? Immer noch Mangeldenken?

Jedes seriöse Medium weiß, dass man auch die Fernlehrgänge energetisch so absichern kann, dass die Energie sich für jeden wandelt, der sie hört!

Auch ist die CD persönlich abgestimmt... dann spricht man einfach mit oben, reinigt sie und hebt sie neu an.

Nichts muss der Energie schaden, wenn wir es so wollen.

Meine CDs… verschenkt sie oder gebt sie weiter……

Doch ich weiß aus Erfahrung, dass ein jeder lieber einen eigenen Fernlehrgang in den Händen hält... mit persönlichen Channelings etc.

Doch wenn aus Liebe der Lehrgang verschenkt wird.... dann NUR ZU! ♥

Ich spreche von MIR und der Energie MEINER CDs, diesen schadet es niemals, weil ich es so möchte und ich dies energetisch so absichere!

Um ein Zeichen zu setzen und um zu verdeutlichen, wie unnötig Konkurrenz ist, biete ich allen Lichtarbeitern und solchen, die auf dem Weg sind, Künstlern und allen die von Herzen ihr Licht verbreiten, meine Geschäfts-Facebook-Seite an, um eure Werbung, Arbeit oder Ideen zu posten!

Ihr alle seid WICHTIG für diese Welt und steht ihr auch noch ganz am Anfang! ♥

Nicht nur reden…. sondern HANDELN!

Nicht nur lehren…. sondern selber danach leben!

Konkurrenz ist unbegründetes Mangeldenken! Ein jeder wird genau zum richtigen Lehrer geführt! Niemand ist gleich wie ein anderer! Ein jeder hat eine andere Schatzkammer an Erfahrung zu lehren.

Niemals könnte man sich gegenseitig im Wege stehen....

...nur wir uns selber ♥

♥ WIRKE FÜR DAS LICHT ♥

Anschließend ein passendes Channeling, das nochmals verdeutlicht, dass wir alle EINS sind.

Channeling - INFO der Quelle

Meine Seelen und lichtvollen Wesen der Erde.

Ihr inkarniertet zu einer Zeit, in der ihr von eurer Seele den Impuls bekommt zu erwachen!

Teils durch die Energie auf Erden, teils durch die geistige Welt und teils durch Lichtarbeiter, die ihre Arbeit mehr als aus vollem Herzen erledigen.

Doch auch haben sich Fehler eingeschlichen, die ich nun zu beseitigen versuche, indem ich, die Quelle selbst, den Kontakt herstelle zu euch / zur Welt.... über das Medium Simone Sinja, eine wundervolle Seele des Lichtes, die ihre Aufgabe mit reinem Herzen und in tiefer Liebe erfüllt.

Diese Botschaft soll sich verbreiten, denn es betrifft viele von euch, wenn nicht auch die meisten Medien selbst.

Es kursiert das Gerücht, dass die Quelle selbst nicht gechannelt werden kann.... Doch wie ihr sehet, ist dies sehr gut möglich.

Was bin ich? Was ist die Quelle? Was ist Gott?

Diese Fragen stellt ihr euch oft... Auf der Suche danach greift ihr nach Wahrheiten und nach Ansichten die euch zurzeit entsprechen.

Dies ist gut und richtig so....

Doch nun ist es an der Zeit, die verschiedenen Themen und Wahrheiten auf einen Nenner zu bringen.

Das Medium Simone Sinja hat genau diese Aufgabe übernommen, im Dienste der Menschheit zu wirken und Gottes Wort zu verbreiten.

Stellt euch vor... man predigt euch davon, dass wir alle eins sind.... ja, das sind wir...

Doch sogar hohe Medien stellen dies wieder in Frage, indem sie verkünden, Gott / die Quelle kann nicht gechannelt werden. Dies wäre nur möglich über „den Filter“ Erzengel Metatron.

Doch meine geliebten Lichter der Welt verstehet............. WIR ALLE SIND EINS............ JEDE Wesenheit ist zu channeln .... denn JEDE Wesenheit zusammen... ergibt mich / uns / wir....................

Natürlich wird die Energie sehr hoch, je näher man an der Quelle channelt, deswegen wird es auch als schwierig empfunden, Metatron zu channeln............ und deswegen wird es als unmöglich angenommen, die Quelle zu channeln............

Doch die Quelle / Gott ist nichts Anderes als was du TIEF in deinem Herzen trägst...........

Jede Wesenheit...........jedes Lichtvolle Wesen .... wie du weißt, natürlich auch Jesus.......

ALLES WOHNT IN DIR................

..........ALLES BIST AUCH DU!!!!!

Fühle in DICH........ dort ist die Wahrheit............

KEIN Medium kann dir die Wahrheit erzählen.........
Die Wahrheit musst DU SELBST erkennen!

Deswegen dein Weg.......... er dient dazu, dich zu erkennen!

NUN ist der Zeitpunkt da, die Wahrheit und das Licht zu verbreiten.

Mehr ist nicht zu sagen, als dass ihr alles könnt, alles seid und alles erschaffen könnt .... So wie ich auch, seid IHR der Schöpfer!

In ewiger Liebe und Verbundenheit, aus dem Lichte unser ALLER SEINS.... danke ich dem Medium Simone Sinja, die die Wahrheit in Worte kleidet....

Ich grüße und segne euch im Namen des ALL einen Lichtes, der Quelle!

ALLES UND NICHTS........ EWIGE LIEBE und EWIGES LICHT.

Worum geht es in dieser Inkarnation – in diesem Leben?

Die Menschheit zu erwecken, jeder sich selbst und dann seine Nächsten!

In dieser Epoche der Zeit geht es darum zu vertrauen!

Das Vertrauen führt uns tiefer ins Erwachen...
...das Erwachen immer tiefer in die Liebe, zu uns selbst!

Dies ist das Ziel der Menschheit und aller Lichtarbeiter und auch das Ziel der geistigen Wesenheiten des Lichtes!

Der Aufstieg der Menschheit / des Planeten in die Liebe! Dies funktioniert nur über das Vertrauen, BEDINGUNGSLOSES Vertrauen!

Doch bitte beginne in kleinen Schritten! Du dienst am meisten, wenn du für DICH deinen Herzensweg findest und diesen gehst!

Wenn du dich DANN berufen fühlst, der Erde oder der Menschheit zu dienen, so soll es dann sein!

Doch verstehe, im Endeffekt bist du NUR FÜR DICH SELBST VERANTWORTLICH!

Wenn JEDER die Verantwortung für sich und sein Handeln übernimmt, wird Frieden und Freude auf der Erde Einzug erhalten und auch langfristig Bestand haben!

****

„Das einzige Wunder, das es gilt zu entdecken, bist DU!"

© Simone Sinja

****

<u>Gedicht der Wirklichkeit</u>

So wie die Herzen und Seelen eines Kindes erstrahlen,
bei der Schönheit der Natur, dahin soll sich deine
Begeisterung erfahren.

Deine Augen sollen sehen, was ein Kind sieht.

Dein Verstand nur so viel denken, was ein Kind in
Liebe denkt und dein Herz soll fühlen, was Kinder
fühlen.

So lernst du die Welt verstehen, dann wird die Welt
sich wieder um dich drehen.

Tanze im Regen, lache im Wind, spiele in der Erde
und sei wieder ein glückliches Kind.

Wo Kinder springen......

.... werden Vögel singen.

Katzen und Hunde werden sich zusammenfinden.

Trennung wird ein Fremdwort werden........

.... und unnötig wird das Sterben werden.

Lass herein die neue Zeit

und bleiben wird die Ewigkeit.

© Simone Sinja

Abschluss Channeling der Quelle Selbst

Und wieder begrüße ich euch aus den hohen Bereichen des ewigen Lichtes. Nun ist es vollendet, das Werk der Liebe und der Heilung!

Das Medium Simone Sinja hat in Verbindung zu ihrem höheren Selbst und in Verbundenheit mit vielen Wesen des Lichtes dieses Buch geschrieben und geboren! Es ist ihre Aufgabe auf Erden die neue Zeit einzuläuten und Menschen auf diesem Weg zu begleiten und zu unterstützen! Mit diesem Buch wird der breiten Masse ein Werkzeug zur Verfügung gestellt, das die Fähigkeit hat, das Erwachen auslösen, zu erweitern und/oder voranzubringen.

Ja kann.... denn ein jeder soll selbst entscheiden wie viel davon seiner eigenen Wahrheit entspringt! Was heute für dich stimmen darf, muss heute für deinen Partner, Freund nicht dieselbe Wahrheit beinhalten! Doch im Kern der Aussage ist dieses Buch mehr als nur ein Werkzeug, es ist ein energetischer Träger, auch wenn es nur im Regal steht!

Es ist gesegnet durch Jesus Christus und wird getragen durch das Licht.

Die Absicht hinter diesem Buch ist die Reinheit der Seele, die einen jeden zu berühren vermag! Das Licht wird sich verbreiten, ob bewusst oder unbewusst!

Wir, aus der einen Ebene der Unendlichkeit, begrüßen dieses Erwachen und begleiten es, so wie es vorgesehen ist!

Die Berufung eines jeden Menschen steht schon geschrieben, so auch die deine! Hast du verstanden worum es geht, wirst auch du dein Licht bald leben! Deine Absicht erreicht uns, wenn du dies wünschst!

So überlege dir JETZT, ob du bereit bist deine Lebensaufgabe zu vollbringen und /oder anzutreten!

Nun frage ich dich:

BIST DU BEREIT? WIRKLICH BEREIT?

(Lass dir Zeit diese Frage zu beantworten!)

So soll es sein. Wenn du uns ein Ja gesendet hast, werden dich unsere Zeichen erreichen, die wir dir senden, damit du dich dem Fluss des Lebens hingeben und vertrauen magst und dass wir ab jetzt dir alles Notwendige zukommen lassen werden, was du benötigst, um deinen Seelen-Lebensplan zu gehen!

Solltest du noch nicht bereit sein, so ist dies ebenso richtig, denn du würdest vielleicht noch an unseren Zeichen vorbeigehen!

Dann.... Nimm wann immer du einen Drang dazu verspürst, dieses Buch wieder in die Hände, es reicht schon, um dich energetisch wieder auf Kurs zu bringen!

Sollte es dich irgendwann wieder zu dieser Frage führen, dann sende uns ein von Herzen kommendes JA und sei gewiss, wir stehen hinter dir und begleiten und unterstützen dich mit all unseren Möglichkeiten und werden dafür Sorge tragen, dass ein jeder unsere Zeichen erkennt, so er es will!

Stets bist du begleitet und stets sind wir verbunden. Ich freue mich, wenn auch du diese Verbindung jetzt oder irgendwann bewusst fühlen darfst!

Du bist unermesslich geliebt und gesegnet für alle Zeit und für all dein Wirken, möge es noch so „scheinbar" klein sein! Jedes Licht zählt!

Nun verabschieden wir uns für diese Zeit, doch wann immer du uns rufst, das gilt für alle Wesenheiten des Lichtes, stehen wir an deiner Seite!

Sei gewiss, wir hören und reagieren auf all deine bewussten Anrufungen, so es so sein soll!

Im Namen der Quelle und des ewigen Lichtes grüße und segne ich jeden Einzelnen. Möge das Licht erwachen und für dich jetzt und immer scheinen!

Deine Seele wird gegrüßt von der Quelle, aus dem ewigen SEIN des ALL einen Lichtes!

***** NAMASKAR *****

Über die Bestseller Autorin: Simone Sinja Illi,

auch bekannt als Sinja Lady O'Nada, ist ein bekanntes Schweizer Heil-Medium und eine Botschafterin der neuen Zeit.

Sie repräsentiert die neue Zeit durch ihr lichtes Wesen dass sie ausstrahlt, durch ihre erfolgreichen Heilungen, ihre Hellsicht und ihr umfassendes Verständnis für alles und jeden!

Sie hat verstanden, wie die Welt und Gott "funktionieren" und unterstützt die Menschen dabei, ihren Weg zu gehen oder diesen erst zu finden.

Sie lebt bereits das bedingungslose Vertrauen und die bedingungslose Liebe und strahlt eine Selbstverständlichkeit, Einfachheit und Klarheit aus, wodurch sie den Menschen das Gefühl gibt, verstanden und gehört zu werden.

Ausgewandert nach Zypern, gibt sie Urlaubsseminare vor Ort und arbeitet zusätzlich international per Skype!

In Zusammenarbeit mit der geistigen Welt schreibt sie Bücher!

Ihre Klienten nennt sie ihre Seelenfamilie.

Nichts liegt ihr mehr am Herzen, als dass die Menschen sich selbst finden und erkennen wie göttlich sie in Wirklichkeit sind.

Sie möchte die Menschen wissen lassen, dass die neue Zeit eingeläutet hat, eine Welt, die von Liebe, Freude und Freiheit geprägt sein wird.

Durch ihre Hellsicht hat sie Einblicke in die Zukunft und erklärt, dass diese schwere Zeit, die die Welt zurzeit durchläuft, notwendig ist, um die Erkenntnisse zu erlangen, damit eine Welt in Frieden, Freude und Liebe erst möglich gemacht und gelebt werden kann.

Sie ist selbst den Weg der Erkenntnis und Selbstfindung gegangen bis in die höchste Ebene.

Dadurch, dass sie bereits erwacht auf die Welt kam, war die Kindheit und die nachfolgende Zeit eher schwierig für sie. Doch ihre Erfahrung ist heute ihr größtes Geschenk und hat sie zu sich selbst zurückgebracht. Mit ihrem Wissen schult sie andere Menschen, um sich selbst und die eigenen Fähigkeiten zu finden und erfolgreich einzusetzen.

Auch arbeitet sie für bekannte Medien, damit sie ihre Fähigkeiten verstärken können und somit vermehrt wirken und einsetzen dürfen!

Sie bietet Ausbildungen der neuen Zeit an!

Sie gibt Seminare der Selbstfindung und schreibt Bücher, die dich tief in deinem Erwachen (weiter) führen, stets in Begleitung, Führung und in Zusammenarbeit mit der geistigen Welt.

***** Heilung von Körper, Geist und Seele durch Erwachen, Selbstfindung und Lichtarbeit *****

Erfolgreich in Liebe, Leichtigkeit, Freude und

Fülle leben! ☺

ALLE MEDITATIONEN HIER IM BUCH HABE ICH FÜR DICH AUF CD AUFGENOMMEN. SIE SIND HOCHENERGETISCH UND WIRKEN AUF TIEFER SEELENEBENE!

DU KANNST DIESE EBENFALLS KÄUFLICH ERWERBEN!

WEBSITEN:

www.bewusstseinsschule-der-neuen-zeit.ch

www.namaskar-institut-für-neues-bewusstsein.com

www.urlaub-seminar-zypern.eu

Facebook-Seiten:

-Namaskar Institut für neues Bewusstsein & Verlag

-Namaskar Bewusstseinsschule & Fernheilung

-Namaskar Spirituelle Berufe der neuen Zeit & Selbstfindung über die Ferne

-Autorenseite Simone Sinja Illi

-Mein Weg zur Lichtnahrung – Doku / Tagebuch

- Bestseller-Zurück ins Licht-Wegweiser ins Erwachen

- Wochen – Affirmation

- Kostenfreie spirituelle APPs

Facebook-Gruppen

Im Auftrag der Liebe (kostenfreie Energieanhebung)

Gottesbewusstsein – Bedingungslose Liebe & Vertrauen

Alles was dein Herz bedrückt - Gemeinsam statt einsam (hier erhältst du kostenfreie, professionelle, psychologische Unterstützung)

Autoren – Portal

http://www.vigeno.de/autoren-auf-vigeno/simone-sinja-illi

Twitter:

https://twitter.com/ZielVorAugen

E-Mail-Adresse/Kontakt:

info@ziel-vor-augen.ch

Schweizer Verlagsvertretung

Rahel Meier

Namaskar-verlag@neu-zeit.ch

NAMASKAR

Institut für neues Bewusstsein & Verlag

Meleti 10, Villa 4

St.Georges, 8065 Peyia

Cyprus

16766097R00081

Printed in Poland
by Amazon Fulfillment
Poland Sp. z o.o., Wrocław